Ulrich Koglin · Achim Tack

Landpartie 3

Im Norden unterwegs

Aubin Imprimeur
LIGUGÉ, POITIERS

Achevé d'imprimer en octobre 1990
N° d'impression L 36272
Dépôt légal octobre 1990
Imprimé en France

Ulrich Koglin · Achim Tacke

Landpartie 3

Im Norden unterwegs

Lauenburgische Seenplatte, Rügen und Hiddensee,
Osnabrücker Land, Ostfriesland

schlütersche

Bibliografische Information der Deutschen Bibliothek
Die Deutsche Bibliothek verzeichnet diese Publikation in der
Deutschen Nationalbibliografie; detaillierte bibliografische Daten sind im Internet über
http://dnb.ddb.de abrufbar.

ISBN 3-87706-862-6

Verlag: Schlütersche GmbH & Co. KG, Verlag und Druckerei,
Hans-Böckler-Allee 7, 30173 Hannover

Herausgeber: Norddeutscher Rundfunk Hamburg

Lizenziert durch NDR MEDIA GMBH

Redak. Mitarbeit: Saskia Langhans, NDR
Skizzen: Werner Pollak
Titelfotos: Ulrich Koglin, Achim Tacke, Ingo Wandmacher
Fotos: Soweit nicht anders vermerkt, stammen alle Fotos von den Autoren.
Koordination: Karin Rau, NDR MEDIA GMBH
Claudia Flöer, Schlütersche
Harriet Assel, Schlütersche

Gestaltung: Schlütersche GmbH & Co. KG, Verlag und Druckerei, Hannover
Satz und Litho: PER Digitaler Workflow GmbH, Braunschweig
Druck: Rasch Druckerei und Verlag, Bramsche
Bindung: Bramsche Buchbinder Betriebe, Bramsche

Inhalt

Vorwort

„Aller guten Dinge sind Drei!" So sagen die Leute gerne. Deshalb ist es nur folgerichtig, hier den dritten Band zu der erfolgreichen Sendereihe im NDR-Fernsehen vorzulegen. Einmal mehr lassen Sie die beiden Autoren Ulrich Koglin und Achim Tacke damit teilhaben an vielen kleinen Randgeschichten und amüsanten Begebenheiten, die sie bei vier Landpartien gemeinsam mit der sympathischen Moderation Heike Götz und dem übrigen Produktionsteam erlebt haben. Dabei beweisen sie erneut: Wer im Norden unterwegs ist, kann viel entdecken!

Damit Sie als Leserin oder Leser alles nachvollziehen können, finden sich in jedem Kapitel nicht nur zahlreiche nützliche Tipps, Adressen und Telefonnummern, sondern auch Rezepte zum Nachkochen und Nachschmecken. Viele unserer Zuschauer haben der Redaktion durch ihre Telefonate und Zuschriften bewiesen: Es macht offenbar großen Spaß, mit Heike Götz und dem NDR auf Landpartie zu gehen. Ich bin sicher, dass Sie am Ende dieses Buches zum gleichen Ergebnis kommen werden. Und wenn Sie mögen, werden wir Sie mit neuen Fernseh-Landpartien und vielleicht auch mit weiteren Büchern über unsere schöne norddeutsche Heimat und ihre interessanten ländlichen Räume auf dem Laufenden halten.

Hamburg im Frühjahr 2003

Dirk Bergmann

Liebe Leser und Zuschauer!

Sie halten nun also schon das dritte Landpartie-Buch in den Händen: Eine Auswahl aus ca. 25 Fernsehfolgen. »Gibt es da überhaupt noch Neues zu entdecken?«, werde ich manchmal gefragt. Oder: »Habt Ihr das nicht alles schon mal gesehen und erlebt?«

Nein – haben wir nicht. Auch wenn es wieder ein Milchviehbetrieb ist oder nochmal ein Gärtner oder Pferdezüchter. Trotz aller vordergründigen Ähnlichkeit ist es doch jedes mal ganz anders. Denn auf jedem Hof leben Menschen. Und die haben ihre eigene Geschichte, ihre ganz eigene Art, mit den Tieren und dem Boden umzugehen. Und das ist immer wieder neu spannend und faszinierend. Hinzu kommen die ganz verschiedenen norddeutschen Regionen und Temperamente. Ein Ostfriese ist schließlich kein Rüganer, ein Osnabrücker eben kein Lauenburger. Ich danke meinen vielen Gesprächspartnern von Herzen. Denn ich weiß, dass es nicht einfach ist, vor laufender Kamera zu reden – weniger über Zahlen und Ergebnisse. Mehr über sich selbst.

Und dass Sie, liebe Zuschauer und Leser, uns das danken, sehen wir anhand der ungebrochen guten Einschaltquote und an den vielen netten Reaktionen, sei es durch eine E-Mail, einen Brief oder ein freundliches »Hallo« auf der Straße. Manche berichten mir auch von ihren Reisen auf den Spuren der Landpartie. Wir wollen Ihnen mit diesem Buch nun wieder Lust machen auf solche Entdeckungstouren. Alles werden Sie nicht genauso nacherleben können wie in der Sendung gesehen, weil viele Höfe natürlich nicht auf einen Besucheransturm eingestellt sind. Aber Sie finden hier wieder die ein oder andere Anregung für ihre ganz persönliche Landpartie.

Machen Sie's einfach wie wir. Lassen Sie sich auf die Region und die Menschen ein. Und fragen Sie ruhig, denn wie heißt es so schön: Fragen kostet nichts und macht außerdem Spaß.

Ihre Heike Götz

Ostfriesland

Idylle und Weite

Langeoog
Baltrum
Jever
Wittmund
Münkeboe
210
Aurich
Wiesmoor
436
72
31
28
Leer

Reise durch ein stilles Land

Idylle und Weite in Ostfriesland

von Achim Tacke

Verzeihen Sie, liebe Leserinnen und Leser, wenn ich die Landpartie aus Ostfriesland fast am Ende beginne, aber es gibt dann immer ein »Highlight«, ohne das bzw. ohne die es keine Landpartie geben würde – unsere Cutterinnen! Sie sorgen für den endgültigen Film jeder Landpartie. Ob Eyke, Katrin oder Andrea, sie gestalten mit Ulrich Koglin und mir gemeinsam das, was wir in den letzten Tagen gedreht haben.

Schon vor der letzten Ecke zum Schneideraum weht mir der Duft von frischem Kaffee entgegen und das heißt, dass ich die Landpartie Ostfriesland mit Eyke Gann schneiden werde. Drei Kartons mit jeweils zehn Cassetten trage ich unter dem Arm und bin froh, als ich endlich den Schneideraum erreiche. Der Kaffee ist wie immer vorzüglich und Eyke will wissen, wie die Dreharbeiten waren. Ein wichtiges Gespräch beginnt. Aus meinen Erzählungen bekommt sie ein Stimmungsbild, und das ist eine wichtige Voraussetzung für den Schnitt. Jede Station, die wir besucht haben, hat ihren eigenen Charakter, ihre eigene Geschichte und auch unterschiedliche Temperamente. Eyke hört aufmerksam zu, stimmt sich auf die Geschichte ein. Erst dann holen wir die Bänder heraus und beginnen den Schnitt. Sie sitzt wie ein Pilot vor den

© Ingo Wandmacher

Idylle, Weite und Stille bietet die ostfriesische Landschaft.

Knöpfen, Pegeln und Instrumenten. Mit sicherer Hand und einer unglaublichen Schnelligkeit fügt sie die ersten Szenen aneinander. Es ist wie ein kleiner Rausch: Die Bilder wirken auf uns ein, bekommen eine eigene Sprache, ziehen uns in ihren Bann. Erinnerungen werden wieder wach, und ich ergänze meine Erzählungen.

Mit 2 PS auf Juist

Mit der Fähre setzen wir am späten Nachmittag nach Juist über, beziehen unser Hotel und rufen Margit Kannegieter an. Wir wollen am nächsten Morgen einen ersten Eindruck von der Insel gewinnen, auf der es statt Autos und Abgasen nur Pferde und Pferdeäpfel gibt. Der gemütliche Takt des Hufschlags scheint auch das Leben auf Juist zu

◄ *Zwillingsmühlen im beschaulichen Greetsiel.*

bestimmen. Es ist einfach urgemütlich. Jede Form von Hektik scheint im Wattenmeer zu versinken. Die untergehende Abendsonne lockt uns noch zu einem ausgiebigen Spaziergang an den fast menschenleeren Strand. Wir atmen die gute Luft und freuen uns auf den nächsten Tag.

Tags darauf regnet es. Ein böiger Wind drückt die Tropfen an die Fenster unseres Hotels und unsere Stimmung – trotz eines leckeren Frühstücks – auf den Nullpunkt. Doch es hilft nichts, wir müssen drehen! Margrit Kannegieter wartet bereits am Hafen auf uns und bricht in Lachen aus, als sie unsere trüben Gesichter sieht. »Wir sind hier an der Nordsee! Das Wetter wechselt schneller, als Sie denken. Es wird schon.«

Der Leuchtturm von Juist.

Wir schauen uns unter unseren Kapuzen traurig an und haben keinen Funken Verständnis für diesen Optimismus. Wir sehen über dem Leuchtturm am Hafen nur tiefe, schwarze Wolken, aber weit und breit keinen Silberstreif am Horizont. Wahrscheinlich alles Insel-Latein, brummen wir in uns hinein. Trotzdem: Die Kameraleute machen ihre Geräte klar, Heike und ich sprechen mit Margrit Kannegieter die Dreharbeiten am Hafen ab. In gut 15 Minuten soll die Fähre ankommen und mit ihr jene Gäste, die Margrit Kannegieter per Pferdekutsche in die Hotels und Pensionen bringt. Dabei wollen wir ihr mit den Kameras zuschauen.

Die Fähre taucht im Hafen auf und plötzlich reißt der Wind ein Loch in die schwere Wolkendecke. Blauer Himmel scheint durch. Das Loch wird in Windeseile immer größer und als das Schiff anlegt, scheint die Sonne in klarer Luft. »Na bitte!« sagt Margrit Kannegieter zufrieden, während sie nach ihren Gästen Ausschau hält. Wir werfen die Kapuzen zurück, blinzeln in die Sonne und behaupten vollmundig, dass wir damit gerechnet hätten – wo doch eine Einheimische uns mit den raschen Wechseln des Wetters vertraut gemacht hat. Margrit Kannegieter hat kaum Zeit für eine Genugtuung. Gemeinsam mit Heike verstaut sie das Gepäck im hinteren Teil der Kutsche, die Gäste steigen ein und unsere Moderatorin nimmt neben Margrit Kannegieter auf den Kutschbock Platz. Los geht es im gemütlichen Schritt. Heike blickt auf die beiden prallen Pferdehintern und will natürlich wissen, welche Rasse da vor ihr einherschreitet. »Das«, sagt Margrit Kannegieter, »sind Norweger oder auch Fjordpferde. Sie sind sehr genügsam, haben gute Nerven und

Auf der Insel fahren nur 2 PS – Autos sind nicht erlaubt.

sind hervorragende Arbeits- und Reitpferde. Für das Leben hier auf Juist wie geschaffen! Die Insel ist ja autofrei und deshalb brauchen wir hier nicht nur Reitpferde, sondern auch Kaltblüter für die diversen Arbeiten.«

Wir erreichen den Ort und uns begegnen Müllwagen, Lieferwagen und Transportwagen – alle von Pferden gezogen. Nach und nach setzen wir die Urlauber ab, entladen das Gepäck und fahren schließlich zum Hof der Kannegieters. Heike interessiert sich für den Arbeitstag eines Juister Pferdes und erfährt, dass sie im Schnitt nicht mehr als fünf Stunden unterwegs sind. Auch die beiden Fjordpferde haben Feierabend, als wir den Stall erreichen. Sie werden ausgespannt und in ihre Boxen geführt. Heike hilft beim Füttern und stutzt plötzlich: »Vielleicht eine etwas komische Frage, aber woher holen Sie das ganze Futter für die Tiere? Ich habe hier auf der Insel nur sehr wenig Weideland gesehen.« »Gut beobachtet!«, lobt Margrit Kannegieter. »Wir bekommen das gesamte Futter vom Festland. Unsere Wiesen sind meist zu salzig und es gibt auch zu wenig.« Tja, und wohin verschwindet der Mist, will Heike nun wissen. »Der geht zurück aufs Festland. Wir haben einen Vertrag mit einem Bauern«, schildert unsere Kutscherin. »Er beliefert uns mit Heu und Kraftfutter und nimmt dann den Mist wieder mit zurück. Pferdemist ist ja für den Acker und den Garten sehr gut, aber wir haben hier auf der Insel einfach zu viele Pferde, um den ganzen Mist vernünftig nutzen zu können.« Margrit Kannegieter streichelt eines der Pferde, das genussvoll Heu kaut. »Die wenigsten Besucher denken darüber nach, was für Arbeit und Organisation hinter den schönen Pferdekutschen hier auf der Insel steckt. Das gilt übrigens auch für alle Lebensmittel und für den Müll. Alles wird auf die Insel gebracht oder wieder abgeholt. Die Gäste brauchen aber nicht darüber nachzudenken, schließlich sind sie hier in den Ferien und sollen sich erholen.«

Heike Götz plaudert mit Margrit Kannegieter am Juister Strand. Kannegieters bieten auch Ausritte am Strand an.

Heike hat einige Reiter in der Reithalle gegenüber der Ställe entdeckt. Neugierig schaut sie zu.

»Sie geben auch Reitunterricht?« Margrit Kannegieter nickt. »Selbstverständlich! Es kommen immer mehr Urlauber, die bei uns Reiten lernen möchten. Haben Sie den Strand gesehen? Ein besseres Ausreitgelände gibt es nicht!« Bis es soweit ist, müssen Anfänger allerdings Intensivkurse nehmen. Erst dann können sie in den letzten Tagen den ein oder anderen Ausritt wagen. »Eine gute Ausbildung ist der beste Garant für schöne und entspannte Ausritte an unserem Strand.«

Die Reiter in unserem Team werden langsam nervös. Wir haben noch gut zwei Stunden bis zur Abreise. Ob wir vielleicht ...? »Kein Problem!« sagt Margrit Kannegieter und lässt einige Pferde satteln. Währenddessen schauen wir uns noch einige ihrer Ferienwohnungen an. Dann wird aufgesessen. Im langsamen Schritt geht es durch die Dünen. Der Wind beugt das Strandgras und die Sonne lässt den Sand glitzern. Kaum einer redet. Wir genießen die gleichmäßigen Bewegungen der Tiere, atmen tief durch und schauen uns in die Weite der Landschaft. Bald haben wir den Strand erreicht. Es ist ein Traum! Wir galoppieren den endlosen Strand hinunter, vergessen die Zeit und – fast den nächsten Dreh! Margrit Kannegieter holt uns schließlich in die Wirklichkeit zurück – und die heißt Abreise! Gut eine Stunde später sitzen wir wieder auf einer Kutsche und werden zum Flugplatz gebracht. Von oben schauen wir noch einmal auf das Pferdeparadies in der Nordsee und bedauern, dass wir schon wieder abreisen müssen, aber der nächste Drehort wartet.

Pferdefuhrunternehmen
Fuhrmannshof Kannegieter
Flugplatzstraße 13
26571 Juist
Telefon 0 49 35 / 4 99
Telefax 0 49 35 / 82 57
E-Mail: info@fuhrmannshof.de

Heike wird angemeckert!

Wir erreichen Pilsum. Abseits der Landstraße liegt der Hof von Familie Berkhout, und wie der Name bereits vermuten lässt, sind sie Niederländer. Schon auf der Zufahrt fällt uns der einladende Hofladen auf. Dieter Hartwigsen, unser Aufnahmeleiter, springt aus dem Wagen und verschwindet für einen Augenblick in dem Laden.

»Ari Berkhout ist im Stall!« sagt er knapp, und wir wissen, dass gleich die Arbeit beginnt. Heike schwingt sich auf ihr Fahrrad, die Kameras werden unverzüglich fertig gemacht und schon beginnen wir mit dem Dreh der »Anmoderation«. Heike erklärt kurz auf dem Rad, wo wir sind und mit wem wir uns verabredet haben. Dann verschwinden wir im Stall. Laut meckernd begrüßen uns Ziegen. Ihre Euter sind prall gefüllt, schließlich ist Melkzeit. Ari Berkhout steht im Melkstand, als wir eintreten. Nach einer kurzen Begrüßung erhält Heike eine Schürze und steigt kurzerhand mit in den Melkstand. 12 Ziegen stehen dort aufgereiht und werden von einer Melkmaschine gemolken. Heike schaut sich die Geräte genau an und entdeckt Ähnlichkeiten mit der Melkanlage für Kühe. Es sieht alles nur etwas kleiner aus. »Genau! Das Prinzip ist das gleiche. Ziegen haben aber nur zwei Zitzen und Kühe vier.« Ari Berkhout arbeitet ruhig und schnell. Jeder Handgriff sitzt. Heike lässt sich das Melken zeigen und packt auch mit an. Arbeit gibt es genug, denn jede Ziege gibt pro Tag zwei bis drei Liter Milch.

Um an die Leistung einer einzigen Kuh zu kommen, müssen zehn Ziegen ganz schön viel Milch geben. Heike ist verwundert: »Lohnt sich denn die Ziegenhaltung?« Daraufhin startet Ari Berkhout ein kleines Rechenexempel: »Also: Ziegen fressen weniger als Kühe, ihre Milch ist teurer und von zehn Ziegen habe ich auch wenigstens zehn Lämmer. Eine Kuh hat im Durchschnitt nur ein Kalb. Andererseits habe ich mit zehn Ziegen auch mehr Arbeit. Wenn ich ehrlich bin, habe ich das nie wirklich ausgerechnet.« Für einen Moment hat Ari Berkhout seine Arbeit unterbrochen: »Ich finde Ziegen aber viel lustiger als Kühe!«, ergänzt er – und lacht. Als wäre es ein Stichwort, taucht plötzlich ein Ziegenlamm im

Ari Berkhout zeigt Heike Götz die Käserei.

Mit leckerem Käse gefüllte Regale im Hofladen auf dem Käsehof Rozenburg.

Melkstand auf und meldet meckernd Hunger an. »Das ist unser Pflegekind«, sagt Ari Berkhout. »Die Mutter ist bei der Geburt gestorben. Zum Glück ist es bei Ziegen ziemlich einfach, eine Amme zu finden!« Er nimmt das Zicklein auf den Arm und setzt es einer Ziege ans Euter. Schmatzend und mit kräftigen Stößen trinkt das Kleine. Der kurze Stummelschwanz wackelt dabei wild hin und her. Heike ist gerührt und erfährt nun auch den Familiennamen des Kleinen: Es handelt sich um eine »bunte Edelziege«. »Es gibt auch noch weiße Edelziegen. Früher wurden die weißen Ziegen mehr im Norden Deutschlands gehalten und die bunten Ziegen eher in Süddeutschland. In der Leistung sind beide etwa gleich. Mir persönlich gefallen die bunten besser.« Heike steigt aus dem Melkstand und schaut sich im Stall um. Ari Berkhout folgt ihr und bietet ihr einen Job beim Füttern an. Das lässt sich Heike nicht zweimal sagen. Schon hat sie eine Heugabel in der Hand. »Ziegen sind sehr genügsam und vor allem sehr robust. Ich brauche fast nie einen Tierarzt.« Es klingt so rational und vernünftig, was Ari Berkhout da erzählt – als hätte er sich vorher alles ganz genau ausgerechnet, bevor die erste Ziege den Stall betrat. Doch in Wirklichkeit war alles Zufall: »Mein Sohn hat vor 20 Jahren eine Ziege geschenkt bekommen. Wir wollten das arme Tier nicht allein halten und haben noch eine kleine Ziege gekauft. Das war ein Bock.« Ari Berkhout grinst. »Sie glauben gar nicht, wie schnell man an eine kleine Herde kommt.« Kaum haben Heike und Ari Berkhout den ersten Stall betreten, werden sie von neugierigen Ziegen umringt.

Eyke Gann, unsere Cutterin, unterbricht lachend den Schnitt: »Das ist doch richtig komisch! Wollen wir das nicht so schneiden? Ich denke da an mehr Tempo!« Ich bin sofort einverstanden und Eyke macht sich ans Werk. Hochkonzentriert schaut sie

© Berkhout

Die Milchziegen vom Käsehof Rozenburg mögen Fototermine!

auf die Bilder der drei Kameras, lacht und schneidet im selben Moment. Während Heike versucht das Heu zu verteilen, untersucht eine Ziege knabbernd ihr Mikrofon. Eine andere findet Interesse an ihren Schnürsenkeln. Auch das Team bleibt nicht verschont. Lange Haare scheinen ein Leckerbissen zu sein und Ziegen haben Kameras zum Fressen gerne. Es ist die pure Neugierde und keinen Moment agressiv. Als wir die Sequenz geschnitten haben, schauen Eyke und ich sie uns noch einmal an und haben unseren Spaß.

Natürlich möchte Heike auch noch ein kleines Zicklein auf den Arm nehmen und wird zum Dank liebevoll am Ohr angeknabbert. In bester Laune verlassen wir den Stall und gehen zur Käserei.

Erlauben Sie mir an dieser Stelle eine kleine Anmerkung: Wir bekommen manchmal Briefe, in denen sich Zuschauer beschweren, dass Heike sich nicht die Hände wäscht, wenn sie Tiere angefasst hat, oder wenn sie vom Stall in eine Käserei oder Fleischerei wechselt. Einige beschweren sich auch, dass sie Lebensmittel mit der Hand anfasst. Natürlich waschen wir uns die Hände – alle! Selbstverständlich ist jeder Handgriff zu den Lebensmitteln vorher abgesprochen, und sie werden anschließend von uns gekauft. Wir achten natürlich auch peinlichst genau auf die Hygienebestimmungen, ohne die unsere Dreharbeiten auf vielen Höfen gar nicht möglich wären. Aber es wäre für den Zuschauer sicherlich langweilig oder sogar ärgerlich, wenn wir jedes Mal zeigen würden, wie sich Heike die Hände wäscht, Gummistiefel abspült oder weiße Kittel überzieht.

Eine Hofkäserei wie aus dem Bilderbuch: Weiße Kacheln, blitzsaubere Edelstahlwannen und strahlende Sauberkeit. Die Ziegenmilch wurde bereits von Mitarbeitern gelabt. Jetzt kann der Bruch geschnitten werden. Heike lässt sich die Arbeitsgänge genau erklären und packt mit an. Ari Berkhout hängt große Messer ein, die in kreisenden Bewegungen die geronnene Milch in kleine Stücke schneiden. Heike erfährt, während sie den Bruch in runde Plastikbehälter füllt, dass nur 20 Prozent der Milch zu Käse reifen und 80 Prozent als Molke an Rinder verfüttert werden. Die Plastikbehälter mit dem Bruch kommen unter eine Presse und Mitarbeiter von Ari Berkhout übernehmen die weiteren Arbeitsschritte. Wir gehen ins Käselager. Heike entdeckt schwimmenden Käse, hält kurz den Finger in die Lake, probiert und verzieht das Gesicht: »Ist das salzig! Holen Sie sich Nordseewasser?« Ari Berkhout schüttelt den Kopf: »Das wäre nicht salzig genug! Die Salzlake ist für den Käse ganz wichtig. Schließlich lagert er hier zwischen zwei Monaten und vier Jahren.«

Heike geht an den gefüllten Käseregalen vorbei und sieht einen runden Käse mit einer fast schwarzen Kruste. Bevor sie etwas sagen kann, errät Ari Berkhout ihre Frage und anwortet: »Der Käse ist über sechs Jahre alt und von einer hervorragenden Qualität! Lassen Sie sich nicht von der schwarzen Kruste täuschen. Ich denke, es ist jetzt genug über die Produktion gesprochen worden. Wir sollten den Käse probieren!« Eine Aufforderung, die wir uns nicht zweimal sagen lassen. Im Hofladen beginnen wir mit dem Verkosten und sind begeistert. 24 verschiedene Käsesorten stellt Familie Berkhout her und wir sind sicher, dass für jeden Geschmack etwas dabei ist.
Nach dieser Stärkung geht es weiter. Natürlich haben wir wieder eingekauft und Dieter Hartwigsen, unser Aufnahmeleiter, verstaut den Käse im Auto. »Das fängt ja wieder gut an!« meint er trocken. Wir wollen noch Bilder drehen, besprechen die Arbeitsaufteilung und schwärmen dann aus. Mit Ekke Schone, unserem ersten Kameramann, fahren wir gemeinsam mit Heike zum Deich, nach Greetsiel und weiter ins Land. Heike durchfährt auf ihrem Fahrrad eine Landschaft, bei der es sich lohnt, auch ein zweites Mal hinzuschauen. In Ostfriesland scheint oft das Grün der Weiden, das Blau des Wassers mit dem Himmel eins zu werden. Die Übergänge sind fließend, weich und nur schwer wahrnehmbar. Darüber zeigen sich an einem satten, blauen Himmel Wolken, die vor Kraft fast strotzen. Die ostfriesische Landschaft ist sicher keine Liebe auf den ersten Blick – sie ist eher leise und behutsam, aber beständig. Als wir schließlich unser Hotel erreichen, mieten wir uns alle Fahrräder und unternehmen eine kleine Tour. Auf dem Drahtesel verstärkt sich der Eindruck noch: Man wird von der Landschaft richtiggehend eingefangen.

Käsehof Rozenburg
Familie Berkhout
Tjücher Weg 1
26736 Krummhörn-Pilsum
Telefon 0 49 26 / 3 07
Telefax 0 49 26 / 21 74
E-Mail: info@kaesehof-rozenburg.de
www.kaesehof-rozenburg.de

Familienanschluss inklusive

Heikes Fahrrad lassen wir stehen. Ostfriesland hat Wasser – viel Wasser! Mit dem Ruderboot geht es am nächsten Morgen zur nächsten Adresse. Die beiden prächtigen Windmühlen von Greetsiel spiegeln sich im Kanal und bald haben wir Middelstewehr erreicht. Diane Saathoff erwartet uns schon am Anleger, der zu dem landwirtschaftlichen Betrieb gehört, den Familie Saathoff

Diane Saathoff zeigt ihren weitläufigen Park, der Feriengäste anlockt.

betreibt. Gleich hinter dem Anleger erstreckt sich ein weitläufiger Park mit über 150 Jahre alten Bäumen. In den Lichtungen hat Diane Saathoff liebevoll Beete angelegt und Sträucher gepflanzt, die sich harmonisch in das Gesamtbild eingliedern. Heike schnuppert und riecht, will wissen, welche Pflanzen welche Pflege brauchen und lässt sich den Aufbau des Parks genau erklären.

Für Gäste in den Ferienwohnungen, die Diane Saathoff vermietet, ist der Park eine Oase der Entspannung und Ruhe. Wir nähern uns dem Wohnhaus und entdecken ein Wassertretbecken, also: Schuhe aus und hinein ins kühle Wasser. Das Ganze hat Konzept: »Wir sind seit einiger Zeit ein Kneipp-Gesundheitshof«, erklärt Diane Saathoff, die über den Landfrauenverband eigens Kurse belegte, damit sie ihren Gästen diese Möglichkeit der Gesundheitspflege anbieten kann. Schon nach zwei Runden merken wir, wie unser Kreislauf in Schwung kommt. Ein ange-

Kameramann Ekke Schone genießt die Kneippkur auf dem Ferienhof Saathoff.

Kunstvoll angelegter Gemüsegarten der Familie Saathoff.

nehmes Kribbeln steigt die Beine empor. Wir fühlen uns frisch gestärkt und besichtigen die geräumigen Ferienwohnungen. In einer der fünf Wohnungen hat Familie Saathoff sogar Butzenbetten eingebaut, die bei Kindern besonders beliebt sind. Als wir die Wohnung verlassen, entdecken wir noch einen Bauerngarten und einige Schafe und Ziegen. Auf dem Reitplatz bewegt gerade die Tochter des Hauses eines der Pferde.

Als Höhepunkt des Besuchs lädt uns die Frau des Hauses zum ostfriesischen Tee ein. Natürlich wollen wir auch die berühmte Zeremonie drehen. In der geräumigen Bauernküche nimmt Heike am langen Tisch Platz und schaut Diane Saathoff bei der Zubereitung des Tees zu, der hierzulande so fünf- bis sechsmal täglich genossen wird. Das Geheimnis des Tees liegt im Wasser, klärt sie uns auf: »Wir haben ganz besonders weiches Wasser. Die Teemischung ist geschmacklich genau darauf abgestimmt.« Das heißt auch, dass der Tee in Hamburg anders schmeckt, selbst wenn er genauso bedächtig zubereitet wird wie hier. Tee muss ziehen, sagt Diane Saathoff, »wenn er belebend sein soll, lassen wir ihn nur kurz ziehen. Soll er beruhigend sein, zieht er länger. In der Zwischenzeit können wir aber schon die Kluntjes in die Tassen tun.«

Mit einer feinen, kleinen Silberzange fischt sich Heike ein Kluntje aus dem Zuckertopf. Diane Saathoff erklärt ihr, dass ein Kluntje für drei Tassen Tee reicht. Dann werden alle still. Wir wollen das leise Knistern hören, wenn der heiße Tee auf den Zucker kommt. Tatsächlich – es knistert leise und behaglich.

»Zum Schluss bekommt der Tee seine Wolke!«, erklärt Diane Saathoff. Mit einem Silberlöffel fährt sie kurz durch den heißen Tee, um dann aus einem Milchkännchen die obere Schicht Sahne der frischgemolkenen Milch abzuschöpfen. Behutsam gibt sie die Sahne auf den Tee. Sogleich bildet sich eine weiße Sahnewolke. Wir setzen uns alle um den Tisch und kosten den Tee. Eine schöne und urgemütliche Tradition. Es schmeckt nach mehr!

Ferienhof Saathoff
Diane Saathoff
Greetsieler Straße 22-24
26736 Krummhörn-Eilsum
Telefon 0 49 26 / 91 20 33
Telefax 0 49 26 / 91 20 34
E-Mail: info@ferienhof-saathoff.de
www.ferienhof-saathoff.de

Wurstige Spezialitäten

»Das ist was für mich!« sagt Eyke Gann, unsere Cutterin, als sie hört, was unsere nächste Station ist. Eyke isst gern, kocht gern und ist für alle Spezialitäten, die wir in den Landpartien vorstellen, mehr als offen. Oft sitzen wir noch nach dem Schnitt eine ganze Weile zusammen und sprechen über das eine oder andere Rezept. Meistens verlasse ich dann den Schneideraum mit einem ungeheuren Appetit.

Den habe ich auch jetzt, als wir um die Mittagszeit in Münkeboe einfahren. Wir sind auf dem Hof von Richard Ulferts verabredet und als könne er Gedanken lesen, stehen schon einige Brötchen mit seinen Wurstspezialitäten für uns bereit. Die kräftige Zwischenmahlzeit tut gut, bevor es jetzt zum Drehen auf die Weide geht. Gut 20 Schweine grasen darauf. Heike und Richard Ulfert schnappen sich jeder einen Futtereimer und gehen zu den Tieren. »Das ist ein neues Programm, das wir entwickelt haben,« erklärt Richard Ulferts. »Kunden von uns können sich bereits die Ferkel aussuchen und dann verfolgen, wie das Schwein in Weidehaltung heranwächst. Später, wenn es geschlachtet wird, rechnen wir dann ab.« »Eine Art Leasingschwein?« will Heike wissen. »Ja, kann man so sagen. Das Schwein wird gekennzeichnet, damit auch jeder weiß, welches sein Schwein ist und sicher sein kann, dass er auch das Fleisch und die Wurst von seinem Schwein bekommt.« Das Futter fürs Borstenvieh stammt übrigens vom eigenen Betrieb. Nur Soja wird hinzu gekauft. »Die Schweine können sich ja nicht nur von Gras ernähren. Wir essen ja auch nicht das ganze Leben Salat,« meint Richard Ulferts.

Und die Schweine geben ihm Recht: In Windeseile haben sie den Trog, der auf der Weide steht, leergefressen. Neugierig wollen sie den Eimer in Heikes Hand untersuchen. Es könnte ja sein, dass noch etwas darin zu finden ist. Ein geordneter

Das Landpartie-Team hat auch den Hof von Richard Ulferts und seiner Mutter besucht.

Ulferts Schweine sind glückliche Schweine – bis zur Schlachtung. Verbraucher können sich ein Ferkel aussuchen und bekommen dann später nur von »ihrem« Schwein die Wurst!

Rückzug scheint im Anblick der schweinischen Kraft der Tiere sinnvoll. Wir kehren zu den Gebäuden zurück, deren Besonderheit in einer Hofschlachterei besteht, denn der

Typisch ostfriesische Pümmelwurst – hausgeschlachtet von Richard Ulferts.

Vater von Richard Ulferts war Hausschlachter. Er zog im Winter von Hof zu Hof und schlachtete für die Bauern. Er kannte die guten, alten Wurstrezepte. Der Sohn führt nun die Tradition fort: »Irgendwann habe ich mich daran erinnert und eine eigene Schlachterei hier auf dem Hof aufgebaut. Das war ein ziemliches Risiko. Mit einer kleinen Schlachterei haben sie gegen die Großanbieter einen schweren Stand. Im Kleinen ist eben alles etwas teurer. Ich war aber der Meinung, dass man sich mit Qualität auf dem Markt durchsetzen kann.«

Das ist das Stichwort für Heike. Sie will die Schlachterei sehen und vor allem, wie die schmackhaften Würste entstehen. Aber auch hier regiert die Hygiene. Die Schlachterei blitzt vor Sauberkeit. Das ganze Team muss sich umziehen. Heike bekommt noch eine Schlachterschürze umgebunden, bevor sie an die Würste darf, die mit absoluter Garantie nur von den hofeigenen Tieren stammen. Andere Tiere werden hier nicht geschlachtet. »Ich will absolut sicher sein, dass ich meinen Kunden nur das anbiete, was ich auch von Anfang an kontrolliert habe. Meine Produkte kosten ja etwas mehr, und dafür bin ich eben verpflichtet, entsprechende Qualität zu liefern!« Richard Ulferts bietet Spezialitäten an, zum Beispiel die Pümmelwurst. »Sie ist eine alte ostfriesische Spezialität. Der Teig der Wurst ist ähnlich wie bei der Mettwurst, aber die Pümmelwurst wird acht Wochen luftgetrocknet. Die Mettwurst wird geräuchert.«

Und schon geht es mit der Produktion los. Auch Heike versucht ihr Glück und bald füllt sie fast fachmännisch die Därme mit dem Teig. Natürlich will sie auch sehen, wo die Wurste luftgetrocknet werden. In der Kammer hängen diverse Würste und Schinken und trocknen langsam vor sich hin.

Der Geschmack spricht für sich. Natürlich muss Dieter Hartwigsen wieder Platz für die gekauften Würste in den Autos schaffen. Es muss ja nicht Parmaschinken sein – ostfriesische luftgetrocknete Wurst und Schinken sind auch eine köstliche Spezialität.

Als wir zum Hotel kommen, ist bereits Dirk Bergmann, unser Redaktionsleiter, angekommen. Wann immer es seine Zeit zulässt, besucht er uns wenigstens für einen Tag am Drehort. Wir berichten kurz vom bisherigen Dreh, von unseren Eindrücken und Erlebnissen. Spontan entschließen wir uns zu einer kleinen Verkostung. Schnell sind Käse und Wurst auf dem Tisch, Dieter besorgt Brot und Dirk Bergmann holt Getränke. Ein Landpartieabend entsteht, wie wir ihn schon häufig erlebt haben. Wir rücken alle etwas dichter zusammen, erzählen und hören zu. Es dauert wie immer keine zehn Minuten und Dirk Bergmann ist nicht mehr nur der Chef, sondern einer vom Team. Ein Talent, das man sich sicher auch öfter von anderen Chefs wünscht.

Ulferts Münkeboe
Richard Ulferts
Deichhausener Straße 47
26624 Südbrookmerland
Telefon 0 49 42 / 17 13
Telefax 0 49 42 / 99 09 79
E-Mail: ulfertsmuenkeboe@t-online.de
www.ulfertsmuenkeboe.de

Die wolligen Weltmeister

Wir sind auf dem Weg nach Aurich. Wolken spiegeln sich in den Kanälen. Rinder grasen auf den saftigen Weiden und die Sonne huscht über die Landschaft, als hätte sie es heute besonders eilig. Am Stadtrand finden wir die angesagte Adresse. Viele kleine Viehanhänger stehen schon auf dem Hof. Wir sind mit Klaus Gerdes von der Landwirtschaftskammer Weser-Ems verabredet. Doch bevor wir die Ausstellungshalle für Nutzvieh betreten, ist eine hilfreiche Hand gefragt. Einige Schafe wollen lieber im Hänger bleiben und müssen handgreiflich überredet werden, doch in die Halle zu gehen. Dirk Bergmann schaut sich einen Moment den verzweifelten Versuch des Schafhalters an. »Macht ihr mal den Dreh klar. Ich komme gleich nach!« Und schon steht er im Hänger und hilft den Schafen auf den rechten Weg. Sie zeigen sich bald einsichtig. Der dankbare Schafhalter ist verwundert, dass ein Mann, den man u. a. als Kommentator in Wirschaftsfragen der »Tagesthemen« kennt, so selbstverständlich beim Schafe abladen hilft. Noch verwunderter ist er, als er mitbekommt, dass Dirk Bergmann über viel Fachwissen in der Landwirtschaft verfügt.

Ostfriesische Milchschafzüchter treffen sich in einer Ausstellungshalle.

In der Zwischenzeit haben wir uns in der Ausstellungshalle vorgestellt und mit Klaus Gerdes den Dreh besprochen. Die wichtigsten Milchschafzüchter haben sich an diesem Tag in Aurich versammelt. Für uns ein guter Grund einmal nachzufragen, was es mit dieser Schafrasse auf sich hat. Heike schaut sich die Tiere genauer an und kann nichts Besonders an ihnen entdecken. Klaus Gerdes lacht: »Man muss schon genauer hinsehen, und was noch wichtiger ist: Man muss sich mit den Tieren beschäftigen. Das meine ich auch durchaus wörtlich! Das Ostfriesische Milchschaf hat gern Familienanschluss. Es ist eine der ganz wenigen Schafrassen, die keine Herdentiere sind. Sie sind bestens geeignet für die Koppelhaltung. In größeren Gruppen fühlen sie sich unwohl. Früher war das Ostfriesische Milchschaf die Kuh des kleinen Mannes. Gerade in Notzeiten haben viele Familien dank dieser Rasse überlebt.«

Heike bückt sich, beschaut das Euter und fragt nach Milchleistung, die bei Spitzentieren durchaus bei 1400 Kilogramm pro Jahr liegen kann. »Die Milch hat einen Fettgehalt von über sechs Prozent und Milcheiweiß von vier bis sechs Prozent«, erklärt der Schafzüchter. »Damit liegen die Schafe besser als Kühe.« – »Und wo wird die Milch verarbeitet?« Damit spricht Heike einen wunden Punkt an, der Klaus Gerdes besonders auf der Seele liegt. Heike erfährt, dass es in Ostfriesland keine Molkerei gibt, die Schafsmilch verarbeitet. Dabei ist er sicher, dass es für Schafskäse und Schafsmilch einen Markt gibt. Nicht nur Heike, sondern das ganze Team ist mehr als verwundert. Heike fragt noch einmal nach: »Das heißt, Sie züchten hier in Ostfriesland die beste Milchschafrasse der Welt – stimmt das?« Klaus Gerdes nickt: »Stimmt. Unsere Schafe werden in sehr viele Länder exportiert!«- »Aber es findet sich keine Molkerei, die Schafsmilch verarbeiten will?« Wieder ein Nicken des Züchters: »Auch das stimmt! Ich bin sicher, dass wir mit Qualitätsprodukten aus Schafsmilch eine gute Konkurrenz zu Feta oder Pecchorino sein könnten.«

Natürlich startet Heike sofort einen Aufruf in der Sendung – leider bisher ohne Erfolg. Als wir weiter fahren, diskutieren wir noch im Auto. Wir wundern uns alle, dass italienischer Grappa, französischer Käse, spanische Paella und sogar amerikanische Frikadellen hierzulande Modetrends in Sachen Ernährung werden, während unsere Produkte, die oft von hervorragender Qualität sind, als Billigware verramscht werden. Ob vielleicht die ausländischen Marketingmanager pfiffiger sind als unsere hochbezahl-

Milchschafe aus Ostfriesland werden in viele Länder exportiert. In Deutschland findet sich seltsamerweise keine Molkerei, die Schafsmilch verarbeiten will.

ten Werbestrategen der Ernährungswirtschaft?

Milchschafe LWK Oldenburg
Klaus Gerdes
Mars-La-Tour-Str. 1-13
26121 Oldenburg
Telefon 04 41 / 80 16 11
Telefax 04 41 / 8 85 94 83
E-Mail: k.gerdes@iwk-we.de
www.lwk-we.de

Bunte Blumenpracht

Auf der Fahrt von Aurich nach Wiesmoor lässt der Regen nach und bald zeigen sich die ersten Sonnenstrahlen. Als wir schließlich am Kanal in Wiesmoor entlang fahren, spiegelt sich ein blauer Himmel in dem ruhigen Wasser. Wir entdecken die ersten Gewächshäuser hinter den schmucken Friesenhäusern mit ihren gepflegten Vorgärten. Wiesmoor, so haben wir gehört, sei die Blumenstadt in Ostfriesland und keiner von uns zweifelt nun daran. Wir biegen in den Gartenbaubetrieb von Dietmar Hoffmann ein, stellen unsere Wagen ab und betreten eines der vielen Gewächshäuser. Dietmar Hoffmann begrüßt uns in seiner ruhigen, überlegten Art, die eine tiefe Zufriedenheit mit dem, was er macht, verrät. Während ich mit den Kamerateams die Drehorte bespreche, redet unser Redaktionsleiter Dirk Bergmann mit Herrn Hoffmann. Ich weiß, dass Dietmar Bergmann anschließend nicht nur weiß, wie Fuchsien gepflegt werden müssen. Er wird auch über die Gewächshaustechnik, über Heiz- und Energiekosten Bescheid wissen, er wird sich auch über die Wasser- und Düngerfragen informieren und das Wissen über lange Zeit abspeichern. »Unser Lexikon«

© Nordwest Blumen Wiesmoor

Dietmar Hoffmann ist Mitglied der Gartenbaugenossenschaft in Wiesmoor.

© Nordwest Blumen Wiesmoor

Dieter Hoffmanns Blumenpracht neben seinem Gewächshaus.

wird er hinter vorgehaltener Hand in der Wirtschaftsredaktion genannt – und da ist viel Wahres dran! Mit Dietmar Hoffmann hat er einen kompetenten und auskunftsfreudigen Gesprächspartner gefunden.

Als wir nach einer halben Stunde drehfertig sind, kommt Dirk Bergmann zu mir. »Interessant!« sagt er nachdenklich. »Es ist wirklich erstaunlich, was alles notwendig ist, um einen solchen Betrieb konkurrenzfähig zu halten. Ich werde Fuchsien in Zukunft unter einem ganz anderen Blickwinkel sehen.«

Nordwest Blumen Wiesmoor

Luftbildaufnahme von Wiesmoor und Umgebung.

Heike betrachtet indes die Pflanzen aus einer eher praktischeren Perspektive. Sie möchte wissen, was sie machen muss, damit ihre Fuchsien auch so schön wie die im Gewächshaus werden. »Ohne Dünger geht es nicht«, erläutert Dietmar Hoffmann, aber es ist auch unsinnig zu viel zu düngen. Ich empfehle ein Mal pro Woche, das reicht völlig.«

Heike nimmt einige Töpfe in die Hand, bestaunt die kräftigen Blüten und die Farbvielfalt. Über 100 verschiedene Arten gibt es und die Farben der Blüten wechseln von rot, rosa, weiß und violett. Unsere Moderatorin mag besonders die Hängefuchsien.

Mit geübter Hand stellt Dietmar Hoffmann gemeinsam mit Heike über zehn Pflanzen in einem Blumenkübel zu einer Komposition zusammen, die sofort jeden Gartenfreund erfreuen würde. Nebenbei erfahren wir noch, dass allein in einem Gewächshaus von Dietmar Hoffmann etwa 25.000 Fuchsien wachsen. Insgesamt hat er 3,5 Hektar unter Glas.

Zum Ende unseres Rundgangs zeigt er uns noch eine ganz besondere Pracht – wunderschöne Fuchsienbüsche, die gut zwei Meter hoch sind! Die Pflanzen, die Dietmar Hoffmann gerade zeigt, sind bereits über sechs Jahre alt und zieren im Sommer die Einfahrt zu seinem Betrieb.

Heike staunt: »Aus den kleinen Pflanzen, die wir heute in jedem Supermarkt kaufen, können so prachtvolle Büsche werden?« Der Fachmann lächelt: »Aber natürlich! Dazu gehört allerdings etwas Erfahrung …«, und Heike ergänzt: »… und wahrscheinlich auch ein ›grüner Daumen‹! Wie kann ich solche Büsche bekommen?« Dietmar Hoffmann erklärt ihr, dass es notwendig sei, eine kühle, aber frostfreie Garage oder einen hellen Keller zu haben. Darüber hinaus sollte man die Pflanzen im Herbst radikal zurück schneiden und im Frühjahr die Raumtemperatur erst allmählich steigern.

Unser Aufnahmeleiter Dieter Hartwigsen protestiert schon nicht mehr. Er geht einfach zum Auto und schafft Platz. Er weiß, dass Dietmar Hoffmann an diesem Nachmittag einige Fuchsien an uns verkauft. Dieter hat natürlich recht! In Fuchsien eingebettet geht es zurück zum Hotel.

Nun ist es Zeit Abschied zu nehmen. Dirk Bergmann muss zurück nach Hamburg. Schließlich hat er noch andere Sendungen zu betreuen. »Markt im Dritten« und »Plusminus« verlangen nach dem »Lexikon« der Redaktion.

Nordwest Blumen Wiesmoor
Gartenbaugenossenschaft e.G.
Azaleenstraße 27
26639 Wiesmoor
Telefon 0 49 44 / 95 09 12
Telefax 0 49 44 / 95 09 60
E-Mail: info@nordwest-blumen.de
www.nordwest-blumen.de

Auf dem Holzweg!

Damit hatten wir nicht gerechnet, als wir am nächsten Tag das Hotel verließen. Natürlich hat schon jeder im Team vom »Boßeln« gehört, aber wie das Spiel genau abläuft, weiß keiner so genau. Jetzt waren wir auf dem Weg nach Lübbersfehn und wollen neugierig dem BV. Germania Lübbersfehn beim Boßeln zuzusehen. Der Dreh entwickelte sich aber anders, als wir geplant hatten. Kaum angekommen, treffen wir Mettin und Gerd. Statt langer Erklärungen wie gebosselt wird, schlagen sie vor, dass wir ein NDR-Team bilden und gegen den »BV. Germania« antreten.

»Ist doch viel spannender, als langweilige Spielregeln zu erklären,« meint Mettin, »und für die Zuschauer ist es auch schöner.« Es gibt kein Argument, das Mettins Vorschlag entkräften kann. Ekke Schone unser Kameramann freut sich diesmal, dass er drehen muss, aber bald haben wir ein Team zusammen. Jeder von uns bekommt eine dicke Holzkugel in die Hand gedrückt und das Spiel kann beginnen. Die Regeln

© Eden

Schöne Boßelkugel aus südamerikanischem Holz.

© Eden

Heinrich-Jürgen Eden produziert Boßelkugeln in seiner Werkstatt.

sind einfach – das Spiel nicht. Das Team, dessen Kugel am weitesten rollt, gewinnt die jeweilige Etappe. Solange die Straße gerade ist, halten wir vom NDR-Team ganz gut mit. Als jedoch die ersten Kurven auftauchen, haben wir gegen die Bossel-Profis um Mettin keine Chance mehr. Wir geben uns geschlagen, wollen aber wissen, wo die Boßelkugeln hergestellt werden. Mettin gibt uns eine Adresse in Mittelgroßefehn. Wir bedanken uns bei dem »BV. Germania« und steigen wieder in unsere Autos.

Die Werkstatt von Heinrich-Jürgen Eden ist nicht zu übersehen. Über der Schreinerei sind weit sichtbar Boßelkugeln angebracht. Als wir die Werkstatt betreten, steht Heinrich-Jürgen Eden gerade an einer Fräse. Der angenehme Duft von Holz empfängt uns. Heinrich-Jürgen Eden erklärt uns, dass er das Holz für die Kugeln aus Südamerika bezieht. Es stammt vom Guajakbaum und ist so hart, dass man kaum einen Nagel hinein schlagen kann. Um aus einem zylinderförmigen Stück Holz eine Kugel zu gestalten, spannt Heinrich-Jürgen Eden ein Holzstück in eine Fräse und innerhalb von drei bis fünf Minuten entsteht ein Boßelkugelrohling. Heike nimmt den frischen Rohling in die Hand, streicht darüber und lobt das angenehme Gefühl. Die Boßelkugel muss einen Durchmesser von 57 bis 59 Millimeter haben und ein Gewicht von 495 bis 505 Gramm – dann bekommt sie noch den Feinschliff und eine feine Lackierung.

»Leider werden heute immer mehr Kugeln aus Hartgummi eingesetzt!« bedauert Heinrich-Jürgen Eden. Heike entschließt sich, zwei Kugeln zu kaufen – sie weiß ja nicht, ob ihr nicht mal wieder willige Boßelspieler über den Weg laufen.

Boßelkugelherstellung
Heinrich-Jürgen Eden
Auricher Landstraße 36
26629 Mittelgroßefehn
Telefon 0 49 43 / 12 60
Telefax 0 49 43 / 13 77
E-Mail: Info@drechslerei-eden.de
www.minjeverland.de

Frische Milch statt Cola

Über die Internationale Dollard Route fahren wir weiter nach Papenburg. In der Nähe von Bunde bittet uns Heike plötzlich anzuhalten. Sie hat am Wegesrand etwas entdeckt, was sie neugierig macht – ein »Melkhuske«. Wir steigen aus und sehen uns die Hütte, vor der es sich einige Radfahrer gemütlich gemacht haben, näher an. Auch unsere kleine Karawane ist entdeckt worden und Friedel Schumacher, die Betreiberin des »Melkhuske«, gesellt sich zu uns. Sie erklärt, was ein »Melkhuske« ursprünlglich war: »Früher bewahrten die Bauern im Melkhuske das Melkgeschirr auf. Heute bieten wir Reisenden Milchprodukte an, die sie hier verzehren können.«

Bei einem erfrischenden Erdbeer-Milchshake erfährt unsere Moderatorin, dass Friedel Schumacher vor einigen Jahren mit Damen des Landfrauenverbandes eine Donaureise unternahm und dabei auf landwirtschaftliche Betriebe stieß, die den Touristen Milchprodukte anboten. Eine Idee war geboren. »Fast jeder Hof hier oben hat Milchvieh. Da bietet sich der Verkauf unserer Produkte auch an Reisende doch wirklich an,« erklärt Friedel Schumacher. Der Erfolg gibt ihr recht, und vor allem Radfahrer und Wanderer nehmen das erfrischende Angebot gerne an.

Natürlich lassen wir uns eine solch gute Adresse auch als Drehort nicht nehmen. Schnell sind die Kameras

© Ingo Wandmacher

Entlang der Internationalen Dollard Route durchs schöne Papenburg.

Im »Melkhuske« bei Bunde können Reisende bei einem Milchshake Kraft tanken.

drehbereit und Heike mixt ihren Milchshake selber. Nach dem Dreh gönnt sich auch der Rest des Teams ein Glas frische Milch. Dann geht es weiter. Wir sind etwas in Zeitnot.

Melkhuske
Internationale Dollard Route
Friesenstraße 34 / 36. 26789 Leer
Telefon 04 91 / 56 96
Telefax 04 91 / 28 60
E-Mail: info@dollard-route.de
www.dollard-route.de

Biokräuter für die Küche

»Macht nichts!« sagt Kristine van Spronsen, als wir mit fast einer Stunde Verspätung in Papenburg eintreffen. Sie hat die Zeit genutzt, um

In den großen Gewächshäusern ziehen die van Spronsens Küchenkräuter nach Biorichtlinien.

noch schnell eine Lieferung Basilikum für Süddeutschland fertig zu machen. In den Gewächshäusern duftet es herrlich nach frischen Kräutern. Das Ehepaar van Spronsen hat sich vor einigen Jahren entschlossen, Küchenkräuter nach Biorichtlinien anzubauen und damit eine Marktlücke entdeckt, die sie mittlerweile bundesweit bedienen. Statt mit Spritzmitteln zu arbeiten, setzen die van Spronsens natürliche Feinde gegen die Schädlinge ein. Ein System, das funktioniert.

Heike hilft Kristine van Spronsen, die kleinen Nützlinge auszubringen und erfährt, dass auch Kleingärtner in ihrem Gewächshaus damit arbeiten können. Als die beiden Frauen dann zum Basilikum kommen, möchte unsere Moderatorin wissen, warum ihr Basilikum immer eingeht.

»Sie dürfen immer nur die unteren Blätter abnehmen. Sobald Sie die obere Krone abbrechen, kann die Pflanze nicht weiter wachsen und geht ein«, erzählt die Fachfrau. Das sei alles – und man sollte Basilikum auch nicht vor Juni ins Freiland bringen. Die so angenehm duftende Pflanze reagiere sehr empfindlich auf Kälte sowie auf übermäßige Feuchtigkeit.

Wir wechseln zum Rosmarin, eine Pflanze, die an einem sonnigen Platz im Garten auch in unseren Breitengraden sehr gut gedeiht – und das sogar mehrjährig. »Es ist aber nicht ratsam, Rosmarin in unmittelbarer Nähe von Salbei zu pflanzen, weil die beiden Kräuter sich nicht miteinander vertragen«, gibt Kristine van Spronsen zu bedenken.

Auch der Salbei wächst bei uns im Norden hervorragend und ist dabei nicht nur ein Küchenkraut. Salbei hilft als Tee bei Magen- und Darm-

Frische Kräuter aller Art gedeihen auch ohne chemische Spritzmittel!

störungen, und die Blätter des Salbeis enthalten ätherische Öle. Und was macht Dieter, unser Aufnahmeleiter? Er schafft mal wieder Platz in den Autos, um mehrere kleine Paletten – voll mit Kräutern – zu verstauen.

Gartenbau KG
Cornelis van Spronsen
Gärtnerstraße 3
26810 Westoverledingen-Völlen
Telefon 0 49 61 / 44 04
Telefax 0 49 61 / 58 84
E-Mail: Gartenbau@van-Spronsen.de
www.van-spronsen.de

Miss Ostfriesland wohnt im Stall

Es geht weiter nach Backermoor. Wir möchten bei den Vorbereitungen zur Wahl der »Miss Ostfriesland« zusehen. Fast pünklich kommen wir auf dem Hof von Familie Meinders an. Die »Miss« steht gerade im Kuhstall und wir eingeseift. Heike schnappt sich einen Eimer und seift mit. Familie Meinders gehören zu den erfolgreichsten Milchviehzüchtern der Region. Die Milchleistung ihrer Tiere liegt bei über 10.000 Liter pro Jahr und damit weit über dem Bundesdurchschnitt. Die Kühe, die sie züchten, gehören zu der Rasse der Deutschen Holstein. Eine Rasse, die eine bemerkenswerte Geschichte hinter sich hat. Ende des 19. Jahrhunderts brachten Auswanderer aus Friesland ihre schwarzbunten Rinder mit in die USA. Dort züchteten sie aus dem Dreinutzungsrind (Milch, Fleisch und Zugtier) ein reines Milchrind. In den 60er Jahren kamen die ersten Tiere dieser Zucht wieder nach Europa und verdrängten bald die alten Rinderrassen in Norddeutschland. Heute ist diese Rinderrasse weltweit die erfolgreichste.

Heike schaut sich die eingeseifte Kuh näher an und fragt: »Wenn Sie ein junges Rind haben, wissen Sie ja nicht, wie viel Milch sie irgendwann gibt. Was wird dann an dem Tier bewertet?« Otto Meinders legt den Schwamm in den Eimer und zeigt uns das Euter, die Beine, das Becken sowie die gerade Rückenlinie der

Ob ich wohl »Miss Ostfriesland« werde?

Kuh. All das sind Bewertungskriterien, die einen Aufschluss über die Qualität des Tieres geben können. »Wir schließen also von äußeren Merkmalen auf innere Qualität!« klärt uns der Züchter auf.

Die Stalltür geht auf und ein »Kuhfitter« kommt.

»Ein Kuhfitter, das ist eine amerikanische Erfindung!« sagt lächelnd Otto Meinders: »Damit die Tiere optimal auf den Ausstellungen präsentiert werden, kommt ein Art ›Kosmetiker‹ für die Kuh. Schließlich möchten wir ja die Vorteile der Tiere besonders betonen.« Und schon beginnt der Kuhfitter, das Rind zu scheren, mit Glanzspray einzusprühen, ihr Rückenhaar aufzubürsten und in einer geraden Linie abzuschneiden. Ohne dieses »Make up«, hat heute keine Kuh mehr eine gute Chance auf den Ausstellungen.

Nach einer Stunde ist die Kuh fertig und wird uns in glänzender Pracht vorgeführt. Diese Kuhdame hat schon einige »Miss-Titel« gewonnen. Entsprechend gelassen und würdevoll geht sie über den Hof. Wir verabschieden uns von dieser »Miss Ostfriesland« und kehren fast an den Ausgangspunkt unserer Landpartie durch Ostfriesland zurück. Es geht nach Pilsum.

Otto Meinders
Backermoorerstraße 65
26817 Backermoor
Telefon 0 49 55 / 99 77 55
Telefax 0 49 55 / 99 77 56

Was ist Queller?

Mit Jürgen Itzenga, Koch und Mitbesitzer der »Alten Brauerei« aus Pilsum, haben wir uns am berühmten Leuchtturm von Pilsum verabredet. Mit dem Fahrrad geht es ans Wattenmeer. Es dauert eine Weile, bis Jürgen Itzenga fündig wird.

»Da ist er!« Er zeigt zu einem kleinen Siel – und wir sehen nichts. Erst bei näherer Betrachtung erkennen wir die kleinen, eher unscheinbaren Pflanzen. Jürgen Itzenga schnappt sich seinen Weidenkorb und beginnt zu ernten. Heike hilft. »Queller ist die erste Pflanze, die dort wächst, wo sich das Meer zurück zieht. Der Queller entzieht dem Boden das Salz«, berichtet der Koch. Er bietet Heike eine Pflanze an und sie probiert. »Wirklich salzig! Und Sie verwenden den Queller in Ihrer Küche?« »Ja«, antwortet Jürgen Itzenga, »er ist eine köstliche Beilage zum Fisch. Sie werden sehen!« Nach einer halben Stunde hat der Koch den Korb fast voll.

Wir fahren zu seinem Restaurant. Ein gemütliches, anheimelndes Haus, das mit viel Liebe zum Detail eingerichtet wurde. Jürgen Itzenga erzählt uns, dass er Jahre im Ausland als Koch gearbeitet hat, ihn aber das Heimweh nach Ostfriesland zurückbrachte. Mit Freunden hat er dann die »Alte Brauerei« entdeckt und restauriert. Für ihn ist es wichtig, dass er möglichst viele einheimische Produkte in seiner Küche verarbeitet. Fischer liefern ihm täglich frischen Fisch, und wenn der Queller wächst, zieht der Koch selber los, um die Pflanzen zu ernten.

Wir gehen in die große, helle Küche und sind neugierig, wie es mit dem Queller weiter geht. Ganz einfach! Jürgen Itzenga legt das Gemüse kurz in heißes Wasser und schreckt es dann mit Eiswasser ab, damit die grüne Farbe erhalten bleibt. Dazu bereitet er frischen Fisch. Hier das Rezept …

Rezept:

Frische Seezungen mit Quellergemüse

Die Seezungen sind im Fischhandel in 4 Klassen eingeteilt:
Kl. 1 = Länge 33–38 cm / Gewicht 370–500 g, Kl. 2 = 30–33 cm / 250–370 g,
Kl. 3 = 27–30 cm / 120–250 g, Kl. 4 = 24–27 cm / 90–120 g
Man rechnet bei Klasse 2 ca. 2 Stück, bei Klasse 3 = 3 Stück pro Person.
Hat man keine Salzwiesen vor der Tür, kann man Quellerpflanzen unter dem Namen Salicor (französisch) oder Zeekraal (niederländisch) ebenfalls über den Fischhandel beziehen. Von Juni bis Mitte August wird Queller dort angeboten.

Zutaten

Pro Person 3 frische Seezungen Kl. 3
Salz, Pfeffer, Zitrone, Mehl, Salzwiesen-Queller, Butter, Neue Kartoffeln

Zubereitung

Lassen Sie vor der Zubereitung die Seezunge von Ihrem Fischhändler enthäuten und die Flossengräten abschneiden. Den Fisch mit Zitrone beträufeln, salzen, pfeffern und mehlieren. Am besten brät man diesen edlen Fisch in geklärter Butter. Die Seezungen in heißem Butterfett von beiden Seiten gold-gelb braten.

Zwischenzeitlich den Salzwiesen-Queller waschen. Der Queller wird ca. 1 Minute in kochendem Wasser gegart und anschließend in Eiswasser abgekühlt. Durch das Abkühlen im Eiswasser behält der Queller seine schöne dunkelgrüne Farbe.
Vor dem Anrichten das Queller-Gemüse kurz in flüssiger Butter schwenken.
Die gebratenen Seezungen und das Queller-Gemüse auf einem Teller anrichten.
Dazu werden neue hiesige Kartoffeln gereicht.

Queller gezupft eignet sich auch sehr gut als Beimischung für einen sommerlichen Salat, da er sehr vitamin- und mineralreich ist.

Guten Appetit!

Koch und Restaurantbesitzer Jürgen Itzenga radelt mit Heike Götz am Pilsumer Leuchtturm entlang.

Zum Abschluss unserer Landpartie durch Ostfriesland nehmen wir alle an einer langen Tafel Platz.

Ein köstliches Mahl ist ein würdevoller Abschluss. Wir hatten wieder das Glück, eine Region mit vielen sympathischen Menschen zu entdecken, die ihre ganz besonderen Reize hat. Es lohnt sich, genauer hinzuschauen, sich Zeit zu nehmen, um Land und Leute zu verstehen. Als wir in Hamburg unsere »Mitbringsel« auspacken, sehen wir noch einmal die Vielfalt, die Ostfriesland zu bieten hat. Wir danken von Herzen.

Restaurant »Alte Brauerei«
Jürgen und Marga Itzenga
An der alten Brauerei 2
26736 Krummhörn-Pilsum
Telefon 0 49 26 / 91 29 15
Telefax 0 49 26 / 92 66 95
E-Mail: j.m.itzenga@t-online.de

Unsere Kurztipps

Weiter Blick, frischer Wind und salzige Luft lassen in **Ostfriesland** schnell ein Gefühl von Freiheit und Unbeschwertheit entstehen und man spürt sofort, warum in der friesischen Geschichte immer von den »freien Friesen« die Rede ist. Typisch friesisch ist nicht nur das Lebensgefühl, sondern auch der Humor: »Morgens schon sehen, wer nachmittags zum Tee erscheint«, so umschreiben die Friesen humorvoll ihr »plattes« Land, das bis zum Horizont reicht. Nicht ohne Grund, denn in Ostfriesland ist täglich Teezeit oder besser: »Teetiet«, wie es auf plattdeutsch heißt. Dann ist Zeit für einen »Klönschnack« und drei Tassen Tee, denn der höfliche Teetrinker hält sich an die friesische Redewendung »drei Tassen Tee sind Ostfriesenrecht«. Etwa ein Viertel des in der Bundesrepublik Deutschland konsumierten Tees wird zwischen Ems und Jade getrunken und das möglichst stark, mit Sahne und Kluntje, wie der Kandiszucker hier genannt wird. Wer möchte, kann die Kunst der richtigen Ostfriesentee-Zubereitung und -Zeremonie auch in Marienhafe in Seminaren lernen und ein Teediplom erwerben. In dem beschaulichen Ort an der südlichen Nordseeküste finden alljährlich die Störtebeker-Freilichtfestspiele statt – darum wird das **Brookmerland** auch gern Störtebekerland genannt.

Tourist-Information Brookmerland
Am Markt 11, 26529 Marienhafe
Telefon 0 49 34 / 8 124 8
Telefax 0 49 34 / 81 2 59
E-Mail: touristinfo@marienhafe.de
www.stoertebekerland.de

Mehr über die Geschichte der ostfriesischen und europäischen Teekultur erfahren Besucher im Norder Teemuseum. Außerdem hat die älteste Stadt Ostfrieslands viele andere Attraktionen zu bieten: Dazu gehören die romanisch-gotische Ludgerikirche, berühmt wegen ihrer barocken Arp-Schnitger-Orgel, das Muschelmuseum mit 850 verschiedenen Muscheln und Schnecken aus allen Weltmeeren und die Museumseisenbahn, die zwischen **Norden** und **Dornum** hin und her zuckelt. Das nur vier Kilometer vom Stadtrand entfernte Meer und der schützende Deich gaben dem größten Badeort an der ostriesischen Küste seinen Namen: **Norddeich**. Hier können Groß und Klein nicht nur im Erlebnisbad **Ocean Wave** zu jeder Jahreszeit in interessante Wasserwelten abtauchen, sondern auch Tagesausflüge nach Juist oder Norderney sowie spannende Führungen ins Wattenmeer starten.

Norder Teemuseum
Am Markt 36, 26506 Norden
Telefon und Telefax 0 49 31 / 1 21 00

Nationalparkzentrum
Dörper Weg 22, 26506 Norden-Norddeich
Telefon 0 49 31 / 8 16 53
E-Mail:
info@nationalparkzentrum-norddeich.de
www.nationalparkzentrum-norddeich.de

Wer an der ostfriesischen Küste weiter gen Süden fährt, kommt unweigerlich auch an dem rotgelben Pilsumer Leuchtturm – für viele das Symbol Ostfrieslands – und an dem malerischen **Fischerdorf Greetsiel** der Gemeinde Krummhörn vorbei. Greetsiel ist nicht nur einer der ursprünglichsten Küstenorte Ostfrieslands, sondern gilt auch als der schönste Sielhafenort an der deutschen Nordseeküste. Bei einem ausgedehnten Spaziergang – vorbei an dem 600 Jahre alten Fischereihafen

© Ingo Wandmacher

Die Ludgerikirche in Norden: berühmt wegen ihrer barocken Arp-Schnitger-Orgel.

mit seinen Krabbenkuttern und den historischen Giebelhäusern entlang des Alten Siel – hat man schnell den Eindruck, die Zeit sei hier stehen geblieben.

Touristik GmbH Krummhörn-Greetsiel
Zur Hauener Hooge 15
26736 Greetsiel
Telefon 0 49 26 / 9 18 80
Telefax 0 49 26 / 20 29
E-Mail: info@greetsiel.de
www.greetsiel.de

© Ingo Wandmacher

Malerisches Fischerdorf Greetsiel.

Nur wenige Landschaften haben sich ihren unverwechselbaren Charakter so bewahren können wie **Ostfriesland**. Das flache Land hinter dem Deich mit seiner anmutigen Geest, seinen fruchtbaren Marschen, uralten Nieder- und Hochmooren, kleinen Flüssen, zahlreichen Seen und traditionellen Wallhecken bietet viele Möglichkeiten zu entspannen. Unzählige historische und kulturelle Sehenswürdigkeiten sind eine Entdeckungsreise wert – am besten per Fahrrad, das hervorragend **ausgebaute Radwandernetz** eignet sich besonders gut zum Radeln. Erkunden Sie den Nordwesten auf der vom NABU entwickelten 500 Kilometer langen Radwanderroute »Tour Natur«, oder nehmen Sie die rund 300 Kilometer lange »Friesenroute – Rad up Pad« (»Rad auf dem Weg«), die unter anderem die Städte Aurich, Emden und Norden sowie schmucke kleine Friesendörfer miteinander verbindet.

© Ingo Wandmacher

Rats-Delft in Emden.

Ein Rundgang durch **Aurich** lohnt sich, lassen Sie sich vom Charme der einstigen Residenzstadt verzaubern. Der klassizistische Glockenturm der in den Jahren 1832–1835 errichteten Lambertikirche ist das Wahrzeichen der Stadt. Zu den wohl bekanntesten Gebäuden Aurichs gehört der um 1900 für die ostfriesischen Landstände errichtete Sitz der Ostfriesischen Landschaft, einer seit fast 500 Jahren existierenden Ständevertretung. Nicht zu vergessen der Auricher Marktplatz, der mit Markthalle und Sous-Turm der größte Marktplatz Deutschlands ist. Das aus dem 19. Jahrhundert stammende Schloss spiegelt mit seinem markanten Turm die traditionelle ostfriesische Bauweise wider und ist besonders sehenswert.

Verkehrsverein
Aurich/Ostfriesland e. V.
Norderstraße 32, 26603 Aurich
Telefon 0 49 41 / 44 64
Telefax 0 49 41/1 06 55
E-Mail: verkehrsverein@aurich.de
www.aurich.de

Fischliebhaber sollten im Mai einen Abstecher nach **Emden** machen: zum Matjesfest in der Seehafenstadt. Das dreitägige Volksfest im malerischen Hafen zieht jedes Jahr hunderte Traditionssegler und tausende Besucher an. Matjes gehört nun mal zu Emden wie der Kluntje zum Tee. Die Emder Heringsfischerei wurde erstmals im Jahr 1552 erwähnt und so zählt der Hering nach Emder Art seit 450 Jahren zu den traditionellen Spezialitäten der größten Stadt Ostfrieslands. Emden verdankt seinen einstigen Wohlstand der Meeresnähe. Noch heute zeugen 150 Kilometer befahrbare Wasserwege, die bis ins Stadtzentrum reichen, von ihrem maritimen Charakter.

Tourist-Information Emden
Info-Pavillon am Stadtgarten
Alter Markt 2 a, 26703 Emden
Telefon 0 49 21 / 97 40 0
Telefax 0 49 21 / 9 74 09
E-Mail: info@emden-touristik.de
www.emden-touristik.de

Wer die unzähligen Mühlen Ostfrieslands einmal per Rad in Augenschein nehmen möchte, sollte der »**Friesischen Mühlentour**« folgen. Auf der 250 Kilometer langen Route lernen Radwanderer mehr als 40 ostfriesische Windmühlen kennen, darunter zahlreiche Galerieholländer- sowie seltene Bockwind-, Koker- und Fluttermühlen. Viele von ihnen haben das große »Mühlensterben« in den sechziger und siebziger Jahren überstanden und wurden restauriert. In einigen kann man noch dem Müllermeister bei der Arbeit zusehen, andere laden in gemütlichen Cafés oder in romantischen Zimmern zum Verweilen und Übernachten ein.

Ostfriesland Touristik
Landkreis Aurich GmbH
Rheinstraße 13, 26506 Norden
Telefon 0 18 05 / 93 83 20
Telefax 0 49 31 / 9 38 32 19
E-Mail: info@ostfriesland.de
www.ostfriesland.de

Charakteristisch für Ostfriesland ist die einzigartige Moor- und Fehnlandschaft, durch die auch die »**Deutsche Fehnroute**« führt: eine beliebter Fahrrad-Rundkurs über Wiesmoor, Großefehn, Leer, Papenburg, Rhauderfehn, Remels und zurück nach Wiesmoor. Der Name »Fehn« ist aus dem Holländischen übernommen und bedeutet »Moor«. Orte mit der Endung »fehn« zeugen von einer Kultivierungsmethode, nach der die Moore seit dem 17. Jahrhundert urbar gemacht wurden. Es entstanden schiffbare Kanäle und

Mühle in Marienhafe.

Siedlungen, so dass die »Deutsche Fehnroute« heute an vielen Zeugen dieser interessanten Vergangenheit vorbei führt – Fehnkanälen, Schleusen, Klappbrücken, Windmühlen und Backsteinkirchen. Die 163 Kilometer lange Strecke, die im Mai 2002 ihren zehnten Geburtstag feierte, kann aber auch per Bus oder Auto befahren werden.

Interessengemeinschaft
»Deutsche Fehnroute« e. V.
Friesenstraße 34/36, 26789 Leer
Telefon 04 91/ 6 66 41
Telefax 04 91 / 28 60
E-Mail: info@deutsche-fehnroute.de
www.deutsche-fehnroute.de

Beliebtes Ausflugsziel für Blumen- und Pflanzenliebhaber ist **Wiesmoor**, auch das »Blumenbeet« Niedersachsens genannt. Wo sich vor 100 Jahren nichts als endloses Moor erstreckte, findet man heute die größte zusammenhängende Gartenbaufläche und Gewächshausanlage Europas mit über 50 Gärtnereien und Baumschulen. Von März bis Oktober verzaubern rund 10.0000 exotische und einheimische Pflanzen und Gehölze mit ihrer Blütenpracht und ihrem Duft die Besucher der Wiesmoorer

© Ingo Wandmacher

Ostgroßefehn ist ein schönes Plätzchen zum Verweilen.

Blumenhalle. Besonderer Höhepunkt ist das seit 50 Jahren traditionell am ersten September-Wochenende stattfindende Blütenfest, auf dem auch die Blütenkönigin gewählt wird.

Luftkurort Wiesmoor Touristik GmbH
Telefon 0 49 44 / 9 19 80,
Telefax 0 49 44 / 91 98 99
E-Mail: tourist-info@wiesmoor.de
www.wiesmoor.de
www.bluetenfest.de

© Ingo Wandmacher

Das Rathaus in Leer diekt am Hafen.

Großefehn ist vor allem das Land der Wasserläufe und Kanäle. Frei nach dem Motto »Hier starten – dort abgeben«, können Wasser- und Radwanderer an den zahlreichen Paddel- und Pedalstationen Fahrräder und Kanus für Tagesausflüge ausleihen und die idyllische Fehn-Landschaft per »Paddel und Pedal« entlang des Jahrhunderte alten Großefehnkanals kennen lernen.

Tourist-Information Ostgroßefehn
Kanalstraße Nord 82, 26629 Großefehn
Telefon 0 49 43 / 92 02 91
Telefax 0 49 43 / 92 02 94
E-Mail: touristikinfo@grossefehn.de
www.grossefehn.de

Wer in Ostfriesland unterwegs ist, sollte in jedem Fall der Stadt **Leer**, dem »Tor Ostfrieslands«, einen Besuch abstatten. Die gemütliche Stadt an Ems und Leda ist ein beliebter Ausgangspunkt für Touren bis zur ostfriesischen Küste, zu den Nordseeinseln oder in die benachbarten Niederlande. Beim Gang durch die historische Altstadt kann man die prachtvollen, alten Backstein-Fassaden im Stil des niederländischen Frühbarock bewundern, die bis heute an den einstigen Wohlstand und weltoffenen Kaufmannsgeist erinnern.

Verkehrsbüro Leer
Rathausstraße 1, 26789 Leer
Telefon 04 91 / 9 78 25 00
Telefax 04 91 / 9 78 25 11
E-Mail: info@leer.de
www.leer.de

Eine Besonderheit der Ems-Dollart-Region ist die »**Internationale Dollard Route**«. Der Dollart, ein einmaliges Naturgebiet von internationaler Bedeutung, ist ein Teil der letzten Brackwassergezeitenlandschaften Europas. Am intensivsten lässt sich der beschauliche kleine Landstrich zwischen Ems und Dollart mit dem Fahrrad erkunden. So führt die Route, die sich mehr als 180 Kilometer durch das Rheiderland und die angrenzenden Niederlande windet, vorbei an alten Windmühlen, eindrucksvollen Kirchen und malerischen Dörfern.

Fachleute nennen Ostfriesland auch gern »Traumland für Orgelkenner und -forscher«. Mit einem Bestand von mehr als 300 historischen Orgeln aus sechs Jahrhunderten ist die Ems-Dollart-Region die reichste Orgellandschaft der Welt. Alle zwei Jahre findet hier deshalb das »Dollart-Festival« der »Norddeutschen Orgelakademie« in der Stadt **Weener** statt. Zudem verwandeln sich alljährlich während des Musikalischen Sommers viele ostfriesische Kirchen und Kathedralen zu Klangstätten klassischer Konzerte internationaler Künstler.

Internationale Dollard Route
Friesenstraße 34/36, 26789 Leer
Telefon 04 91 /5 6 96
Telefax 04 91 / 28 60
E-Mail: info@dollard-route.de
www.dollard-route.de

Dass **Papenburg**, die Stadt der großen, modernen Kreuzfahrtschiffe ist, weiß fast jeder: Als Werftstandort hat die Stadt sich weltweit einen Namen gemacht. Sie ist aber auch die älteste und größte Fehnkolonie Deutschlands und wurde bereits im 17. Jahrhundert nach holländischem Vorbild gegründet. Die damals von den Siedlern gegrabenen Kanäle und Wieken – so heißen die Seitenarme – sind heute noch überall vorhanden. Das rund 40 Kilometer lange Kanalnetz mit seinen zahllosen Brücken verleiht der Stadt ein einzigartiges Flair. Mitten in der »Kanalstadt« kann man heute originalgetreue Nachbauten historischer Segelschiffe auf den Kanälen bewundern, die an die lange Schiffbautradition erinnern.

© Ingo Wandmacher

Viele Kanäle und Brücken schmücken Papenburg.

Tourist-Information Papenburg
Rathausstraße 2, 26871 Papenburg
Telefon 0 49 61 / 8 39 60
Telefax 0 49 61 / 83 96 96
E-Mail: tip@papenburg.net
www.papenburg.de

Weitere Informationen

Friesland-Touristik GmbH,
Lindenallee 1, 26441 Jever,
Telefon 0 44 61 / 9 191 9 30
Telefax 0 44 61 / 9 19 19 90
E-Mail: touristik@friesland.de
www.frieslandtouristik.de

Touristik GmbH Südliches Ostfriesland
Friesenstraße 3, 36, 26789 Leer
Telefon 04 91 / 6 66 40,
Telefax 04 91 / 28 60
E-Mail: info@suedliches-ostfriesland.de
www.suedliches-ostfriesland.de

Ostfriesland Touristik – Landkreis Aurich GmbH
Rheinstraße 13, 26506 Norden
Telefon 0 49 31 / 93 83-2 00
Telefax 0 49 31/93 83-2 19
E-Mail: info@ostfriesland.de
www.ostfriesland.de

Ammerland-Touristik
Ammerlandallee 12, 26643 Westerstede
Telefon 0 44 88 / 56 16 80
Telefax 0 44 88 / 56 16 89
E-Mail: atis@ammerland.de
www.ammerland-touristik.de

Lauenburgische Seenplatte

Land der Seen und Wälder

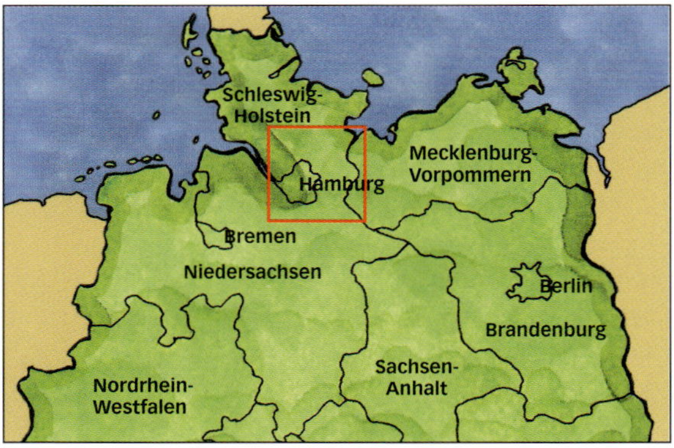

Lübeck
20
NATURPARK LAUENBURGISCHE SEEN
RATZEBURGER SEE
Ratzeburg
Schmilau
Mölln
Hollenbek
SCHAAL-SEE
207
Basthorst
Gudow
24
Elmenhorst
ried-
chsruh
Büchen
209
Geesthacht
195
Schnakenbek
Lauenburg
ELBE
Lüneburg

Im Land der Wälder und Seen

Eine Reise durch die Lauenburgische Seenplatte

von Ulrich Koglin

Ausgedehnte Wälder, große und kleine Seen, liebenswert verschlafene Kleinstädte und urwüchsige Dörfer – wer unterwegs ist im Naturpark »Lauenburgische Seen« kann sich kaum vorstellen, dass die Weltstadt Hamburg nur wenig mehr als 50 Kilometer entfernt ist. Hauptstadt des Herzogtums ist die im gleichnamigen See gelegene Inselstadt Ratzeburg, die nur durch drei künstlich aufgeschüttete Dämme mit dem Festland verbunden ist. Ratzeburg, oder besser: Der vor den Toren der Stadt gelegene Bahnhof, ist der Ausgangspunkt unserer Landpartie durch die Lauenburgische Seenplatte.

Heike Götz und Oliver Victor an der Pumpe der Draisine – nur mit Muskelkraft geht's hier weiter!

Mit der Draisine auf der Schiene

Um genau 14:35 Uhr ist Abfahrt. Wenige Minuten vorher hält der Regional-Express aus Lüneburg und bringt die letzten Mitreisenden für die »Ratzeburger 3-Muskel Tour«. Auf historischen Gleisen fährt die Draisine auf einem stillgelegten Teilstück der ehemaligen »Kaiserbahn«, der einstigen Direktverbindung zwischen der Reichshauptstadt Berlin und dem Kaiserlichen Marinehafen Kiel.

◀ *Traumhaft viel Wasser rund um Ratzeburg – ideal für Kanutouren oder Segeltörns.*

Heike muss so richtig arbeiten. Sie soll vor laufender Kamera »pumpen«, was das Zeug hält. Erst wenn die so genannte Handhebel-Draisine richtig in Schwung ist, soll Heike anfangen zu moderieren und die Kamerateams vorstellen. Wir wollen gleich zu Beginn der Sendung klar machen, dass bei uns alles live ist. Keine gestellten Szenen, keine endlosen Wiederholungen. Heike besucht Menschen mit interessanten und typischen Berufen, lässt sich aktiv mit einspannen und erfährt dabei die großen und kleinen Geheimnisse der Region. Klar, damit die Draisine auf Touren kommt, packen alle im Team mit an. Trotzdem ist Heike schnell außer Atem – die scheinbar so leichten Schwenkbewegungen, mit denen die Draisine angetrieben wird, sind schweißtreibender als erwartet.

Neben Heike »pumpt« Oliver Victor. Der jugendlich wirkende Enddreißiger ist Chef und Initiator dieser ersten Draisinenestrecke Deutschlands, die von Ratzeburg über Fredeburg und Schmilau schließlich bis ins 13 Kilometer entfernte Hollenbek führt – meist fern der Straßen durch eine wildromantisch erscheinende Natur. »Wir fahren erstmal nur zu unserem Erlebnisbahnhof in Schmilau, dann geht's auf dem Konferenzfahrrad weiter nach Farchau und von da aus mit dem Kanu zurück nach Ratzeburg«, hatte Oliver Victor kurz das Programm der »3-Muskeltour« beschrieben. »In dreieinhalb Stunden sind Sie wieder am Ratzeburger Bahnhof, können sich in unserem »3-Muskel-Café« die verbrauchte Energie wieder zurückholen«, beruhigt er Heike und die inzwischen gleichmäßig schnaufenden NDR-Kollegen. Mit vereinten Kräften haben sie die beiden zusammengekoppelten Draisinen auf beachtliche 20 km/h beschleunigt – trotz nebenbei laufender Kameras ein Heidenspaß! Allerdings: Die Vierergruppe junger Männer, die uns seit dem Start in Ratzeburg auf den Fersen ist, lässt sich einfach nicht abhängen. Mit ruhiger Gelassenheit verfolgen sie in gleichbleibendem Abstand unsere Dreharbeiten. Doch überholen können sie uns auf der eingleisigen Strecke nicht.

Alle legen sich heftig ins Zeug, bis kurz vorm ersten Ziel eine kleine Schranke den Weg versperrt. »Langsam abbremsen und anhalten!« befiehlt Oliver Victor, »die einen gucken nach dem Verkehr, einer hält die Schranke hoch und dann zügig über die Straße.« Schrankenwärter, Lokführer, Rennfahrer – längst vergessene Kinderträume werden erfüllt. »Los Leute, an die Hebel, jetzt geht's ab!«, treibt uns Oliver Victor energisch an.

Am »Erlebnisbahnhof« in Schmilau ist Verschnaufpause. Für uns gibt's Kaffee und Kuchen; wer abends kommt, findet den Grillplatz bereits vorbereitet. Serviert wird mit Hilfe einer großen Modellbahn, die Würstchen und Fleisch herantransportiert. Stilecht ist sogar die Bierzapfanlage in Form einer Lokomotive. Das dreckige Geschirr wird ebenfalls per Bahn wieder in die Küche gefahren. Für Betriebsausflügler oder Jugendgruppen organisiert Oliver Victor die »Bahnspielolympiade« mit Disziplinen wie Schienenweitwurf oder Gleisbauwettbewerb. Im Hintergrund stehen Bahnwaggons: von der Hamburger Expo-S-Bahn bis hin zum originalen MITROPA Schlafwagen. »Wer will, kann darin sogar übernachten«, erläutert Oliver Victor. Er lebt übrigens in einem Bahnabteil auf einer Fläche von zwei mal zwei Metern. »Früher hausten Bahnarbeiter der wandernden Baustellen in diesen Zellen. Für mich reicht das vollkommen.« Der ehemalige Software-Entwickler, Erfinder und Geschäftsführer von vier GmbH'en lebt absolut bescheiden, obwohl er, so sagt die Statistik, mit der Draisinenstrecke etwa ein Viertel des Tourismus im Kreis ausmacht. »Ich habe sogar schon Betriebsausflüge für die Landesregierung organisiert, die waren total begeistert!« Am Ende der Draisinenstrecke, in Hollenbek, steht auf einem riesigen Bahngelände ein Zug als rollende Herberge. Neben Gruppenschlafwagen, Betreuerwagen, Aufenthalts- und Speisewagen gibt es sogar einen Disco-Wagen und jede Menge Platz für einen überdachten Grillplatz,

Beachvolleyball und Lagerfeuer. Und natürlich Draisinen und ein pralles Ausflugsprogramm.

Erdbeeren – gern gekauft und gern gegessen

Gleich gegenüber des Schmilauer Bahnhofsgeländes reifen gerade die Erdbeeren auf riesigen Feldern. Wer will, kann sie frisch geerntet in einem modernen Bauernmarkt kaufen, oder aber selbst auf dem Feld ernten. Da sind wir auch mit Randolph Bockhop verabredet. Die Bockhops gehören zu den größten Erdbeerbauern der Gegend, belieferten jahrelang eine bekannte Marmeladenfabrik in Bad Schwartau. Jetzt aber setzen sie mehr auf Selbstvermarktung. Dass die Kunden aber zum Selberpflücken kommen, erzählt der Juniorchef, sei immer seltener. »Heute kaufen die Leute lieber die frisch gefüllten Erdbeerkörbchen, das Pflücken ist den meisten zu anstrengend.« Heike, die sich gerade tief über die Pflanzen beugt, nickt zustimmend – ungeübt ist das Pflücken doch ein mühseliges Geschäft. Allerdings – Naschen ist ausdrücklich erlaubt und die in der Sonne gereiften, tief roten Früchte sehen richtig lecker aus! Ob es einen Trick gegen den Rückenschmerz gebe, will Heike wissen, für die die gebückte Pflückhaltung offensichtlich genauso ungewohnt ist wie für Randolph Bockhop selbst. »Ab und zu mal tun, was der Rücken will, also aufstehen und strecken«, schlägt Randolph Bockhop vor und tröstet: »Nach einigen Tagen lässt dann der Schmerz nach … Unsere polnischen Pflücker kommen jedenfalls seit Jahren immer wieder gern zur Ernte zu uns.«

Die Erdbeersaison geht in Schmilau dank eines geschickten Anbaus

Selber Erdbeeren pflücken? Randolph Bockhops Kunden gehen nur noch selten selbst aufs Feld.

mit verschiedenen Sorten von Ende Mai bis Anfang Oktober. »Wir exportieren dann ab Sommer sogar bis Italien«, erklärt Randolph der überraschten Heike, »die haben dann nämlich keine mehr. Das ist ein Geschäft, das jedes Jahr zunimmt.« Trotz der strengen Auswahl (»keine Grünen nehmen, die schmecken nicht!«) und trotz der vielen Fragen wird ein großer Korb vor laufender Kamera voll – Proviant für die nächste Etappe der »Ratzeburger 3-Muskeltour«.

Von Schmilau geht es auf dem »Konferenzfahrrad« durch den Wald bis zur Liegewiese in Farchau, direkt am Küchensee. Der Erdbeerkorb prangt auf einem kleinen Tischchen in der Mitte und rund herum treten sechs Mitstreiter gleichzeitig in die Pedale. Lenken und Bremsen kann aber nur Oliver Victor. Mit an Bord sind nun auch unsere Verfolger von der Draisinenstrecke. »Wir sind extra aus dem Ruhrgebiet, aus Recklinghausen, angereist, haben bei uns in der Zeitung davon gelesen!« Die vier Freunde aus Schulzeiten organisieren jedes Jahr eine gemeinsame Tour, wollen die nächsten Tage mit dem Faltboot weiter. Das »Konferenzfahrrad« ist auch für sie eine Premiere. »Das war eigentlich ein Designerstück eines Holländers – aber es ist einfach ideal für Erdbeerkonferenzen«, schmunzelt Oliver Victor, während er das ungewöhnliche Gefährt auf Kurs hält. Nach wenigen Kilometern und etlichen kleineren Steigungen nähern wir uns dem See. »Wer nicht sportlich ist, wird es bei uns!«, meint Oliver Victor augenzwinkernd.

Auf dem Konferenzfahrrad unterwegs.

An der Farchauer Liegewiese geht's im Kanu weiter über den Küchensee, zurück nach Ratzeburg, was nicht so ganz einfach ist. »Wir müssen jetzt den richtigen Durchstich finden!«, Steuermann Oliver Victor zeigt nach Backbord voraus, wo sich die Inselstadt Ratzeburg abzeichnet. »Wenn wir zu weit nach rechts kommen, müssen wir noch einmal um die Insel herum – das dauert dann eine Stunde länger!« Erst im letzten Moment, wenige hundert Meter vorm Ziel, entdecken wir die Brücke, unter der wir durch müssen: Das weiße Hotel, »Der Seehof«, muss knapp links liegen und die Brücke des ehemaligen Kleinbahndamms zu sehen sein. Über den Schwanenteich geht es unter einer neueren Autobrücke durch. Vorbei an einer beliebten Eisdiele und der romantisch gelegenen Fischerei gelangen wir schließlich auf den großen Ratzeburger See. Vor uns beleuchtet die sanfte Abendsonne den bald 1000 Jahre alten Ratzeburger Dom. Doch die Kanus sollen zur alten Seebadeanstalt, wo sie über Nacht gelagert werden. Für uns ist Drehschluss, der Tag ist länger geworden als geplant, die Dreherei mit mehreren Kanus für die Kameras war zeitintensiv. Aber – trennen können wir uns vom See noch nicht: Auf der Terrasse der Fischerei genießen wir die herrliche Abendstim-

Der Ratzeburger See und der Dom der idyllischen Stadt.

mung direkt am See, lassen uns frischen Fisch aus der Pfanne servieren und erfrischen uns mit einem leckeren gezapften Bier.

Kultur-Bahnhof Ratzeburg GmbH
Am Bahnhof im Zug
Oliver Victor
23911 Schmilau
Telefon 0 45 41 / 89 80 74
Telefax 0 45 41 / 85 81 42
E-mail: info@3sine.de
www.3sine.de

Bockhop Erdbeeren
Randolph Bockhop
Möllner Straße 19 a
23911 Schmilau
Telefon 0 45 41 / 85 87 46
Telefax 0 45 41 / 89 11 03
E-mail: info@frische-erdbeeren.de
www.frische-erdbeeren.de

Produzent von Erdbeeren, Spargel, Äpfeln, sortenrein gepressten Apfelsäften, Blumen zum Selbstpflücken. Streichelzoo, Bauernladen mit regionalen Produkten, täglich geöffnet von 9.00 bis 18.30 Uhr, an Wochenenden und zur Spargel-, Erdbeer- und Apfelsaison von 8.00 bis 18.30 Uhr.
Kaffeegarten, alljährliche Erdbeer- und Apfelfeste und zu Weihnachten große Auswahl an Weihnachtsbäumen.

Netzfischerei auf dem Ratzeburger See

Wenige Stunden später sind wir schon wieder am See. Fischmeister Rüdiger Jobmann hat uns zu einer Fangfahrt auf den Ratzeburger See eingeladen, schon um 4.30 Uhr haben er und sein Lehrling Jan den Kutter klar gemacht. Noch hängen über der spiegelglatten Wasseroberfläche zarte Nebelschwaden, während der in feines Pastellrosa gehüllte Dom schon den unmittelbar bevorstehenden Sonnenaufgang ankündigt. Doch Rüdiger Jobmann guckt sorgenvoll zum Himmel. In einigen hundert Metern Entfernung kreist ein Schwarm mit vielleicht vier- bis fünfhundert schwarzen Vögeln. »Kormoranschwärme auf dem Fischzug!«, murmelt er. »Die fressen pro Tag und Kopf zwischen 300 bis 500 Gramm Fisch,« ereifert sich Rüdiger Jobmann, »das sind Woche für Woche etwa zwei Tonnen, allein bei diesem Schwarm. Und am liebsten holen sie Aale oder Maränen, also genau die Fische, die wir fangen wollen!«

Heike Götz und Rüdiger Jobmann holen die Netze ein – der Fang ist längst nicht mehr so gut wie einst. Schuld daran sind unter anderem die Kormorane.

Innerhalb von zwei Jahrzehnten haben sich die einst vom Aussterben bedrohten Kormorane für die Fischer zur existenzbedrohenden Plage entwickelt. Rüdiger Jobmann weiß noch genau, wie er den ersten dieser schwarzen Rabenvögel auf dem Ratzeburger See gesichtet hat. »Das war 1978 und als ein alter Kollege von mir meinte, das sei der Beginn vom Untergang der Binnenfischerei in Schleswig-Holstein, da haben wir alle noch gelacht. Doch der Mann hat leider Recht behalten.« Der Ratzeburger See war vor wenigen Jahren noch berühmt für seinen Aalreichtum – heute fängt Fischer Jobmann nicht einmal 10 Prozent der früheren Mengen.

Inzwischen sind wir beim ersten Fangplatz weit draußen auf dem See angekommen, wo Jobmann am Vorabend noch eines seiner Stellnetze gesetzt hat. In drei Meter Tiefe steht das Netz, befestigt zwischen zwei Tonnen. Geschickt holt Rüdiger Jobmann es an Bord, lässt es, zusammen mit den kleinen lachsartigen Maränen, in einen großen Eimer laufen. Heike wundert sich, dass in dem Netz tatsächlich fast ausschließlich Maränen hängen. »Man darf die Netze erst nach Sonnenuntergang setzen, denn die Maränen sind, im Gegensatz zu den meisten anderen Fischen im See, nachtaktiv. Und darum müssen die Netze jetzt auch schnell aus dem Wasser, damit sich nicht Rotaugen oder Barsche darin verfangen, die bekommt man dann nur mühsam wieder heraus. Außerdem werden jetzt die Hechte wieder aktiv: Die lieben Maränen, mundgerecht serviert im Netz.«

Einige Kilometer weiter steht ein Netz mit viel größeren Maschen: Hier fängt sich die große Maräne, auch Edelmaräne genannt, wie uns Fischer Jobmann erklärt. »Die können sechs bis zehn Pfund wiegen und sind eine ganz andere Fischart.« Wie auch die kleinen Maränen, die es ursprünglich nur in ganz wenigen, sehr tiefen Seen in Norddeutschland gab, sind diese Fische als Besatzfische aus Aufzuchtanlagen in den Ratzeburger See gekommen. Rüdiger Jobmann, der die Fischereirechte auf dem Ratzeburger See gepachtet hat, organisiert und bezahlt auch diese Jungfische. Verständlich, dass er wütend ist, wenn die Kormoranschwärme seit einigen Jahren einen immer größeren Teil seiner Investitionen wegfressen. Sogar einige der Maränen im Netz sind von den Attacken der Raubvögel gezeichnet. »Sehen Sie hier,« Rüdiger Jobmann zeigt gleich auf die zweite Edelmaräne, die er mit dem Netz an Bord zieht, »das ist eine alte vernarbte Bisswunde von einem Kormoranschnabel. Das Fleisch darunter ist blutunterlaufen und verfärbt, so etwas lässt sich nicht mehr verkaufen.«

Zurück im Hafen geht's gleich weiter mit der Verarbeitung nach einem alten Hausrezept: »Das habe ich von meinem Vorgänger übernommen«, erzählt Rüdiger Jobmann, »einem alten Ostpreußen, oder besser: Seine Frau hat es mir vermacht.« Heike hilft mit, die am Vortag gefangenen und 20 Stunden in einer Essiglösung gebeizten Maränen schichtweise, zusammen mit Zwiebelringen und Gewürzen, in eine große Schale zu legen. Senfkörner, Piment, Pfeffer, Zucker, Salz kommen dazu. »Das Ganze muss jetzt nochmal 30 Stunden gut durchziehen, und dann kann's losgehen. Zusammen mit Bratkartoffeln, einem schönen Bier und einem Korn – also was Besseres kann man sich zu dieser Jahreszeit gar nicht vorstellen!« schwärmt Rüdiger Jobmann. Aber natürlich gibt es in seinem kleinen reetgedeckten Laden den Fisch auch fangfrisch ausgenommen oder sogar lebend zu kaufen. Direkt am Seeufer hinter der Imbissterrasse ziehen in einem abgeteilten Bassin große Karpfen ihre Runden. »Das finden vor allem die Kinder interessant, die hier manchmal stundenlang stehen, während die Eltern Kaffee trinken oder Fisch essen.« Im Laufe des Sommers gehen Jobmann immer wieder auch einige Karpfen ins Netz, die er in diesem Bassin hält – bis Weihnachten.

Immer am See, einen wunderbaren Blick auf Himmel, Wasser und Land, leckeren Fisch – wir können gut nachvollziehen, dass Rüdiger Jobmann seinen Beruf liebt – auch in seiner Freizeit. »Tja, nach Feierabend geh' ich angeln. Schließlich bin ich ja auch noch Vorsitzender im Buchholzer Anglerverein!«

Frisch gestärkt und mit dem frühen Aufstehen längst versöhnt, bleibt uns ausnahmsweise etwas Zeit für einen kleinen Spaziergang. Direkt neben der Fischerei liegt die alte Seebadeanstalt der Stadt Ratzeburg, in der auch die alteingesessene Töpferei Elberding zu Hause ist. Liegewiese, weißer Sandstrand und ein blitzeblauer Himmel mit einer strahlenden Sonne: Unser Aufnahmeleiter Dieter Hartwigsen hat große Mühe, uns schließlich wieder loszueisen – und das im Wortsinn: Wenige Schritte entfernt, fast genau da, wo wir unsere Autos geparkt haben, liegt das Eiscafé Pelz, das seit Generatio-

Rüdiger Jobmann holt frische Fische aus dem See und verkauft sie auch im eigenen Laden.

Maränen, ostpreußisch eingelegt.

nen schon für klassische Eisspezialitäten berühmt ist. Mit leckeren Eistüten in der Hand, »Die müsst ihr euch schon bei mir abholen!«, lockt Dieter uns schließlich doch in die Teamwagen.

Ratzeburger Fischerei
Rüdiger Jobmann
Schlosswiese 2
23909 Ratzeburg
Telefon 0 45 41 / 35 59
Telefax 0 45 41 / 68 16
Tägliche Fangfahrten auf dem Ratzeburger See, Verkauf von frischen Aalen, Hechten, Karpfen, großen und kleinen Maränen (auch eingelegt).
Angeschlossenes Restaurant (Telefon 0 45 41 / 8 78 75) mit Fischgerichten und Imbiss, direkt am See gelegene Terrasse.

Töpferei am See
Christiane Elberding
Schlosswiese 3
23909 Ratzeburg
Telefon 0 45 41 / 77 46
Direkt neben der Fischerei gelegen, Produktion und Verkauf von Geschirr und dekorativer Töpferware.
Öffnungszeiten: Mo–Fr von 9.00–18.00 Uhr, Sonnabends von 10.00–13.00 Uhr. Von April bis Oktober Sonnabends und Sonntags von 10.00–18.00 Uhr.

»Schwarze Perlen« auf Gut Seedorf

Eigentlich hätte uns allen eine kleine Fahrradtour gut getan, doch natürlich drängt mal wieder die Zeit. Die nächste Etappe liegt eine gute Stunde mit dem Fahrrad oder knapp 15 km entfernt von Ratzeburg. Direkt am Ufer des Ratzeburger Küchensees entlang, über den ehemaligen Kleinbahndamm aufs Festland und von dort aus bergauf durch ein Wäldchen über die Felder Richtung Salem – eine wunderschöne Route, deren erster Teil nur Fußgängern und Radfahrern offen steht. Vom Ortsausgang Ratzeburg aus geht es dann auf einer Nebenstraße weiter: Über eine alte Apfelbaumallee am Gut Dorotheenhof vorbei, am Salemer Moor entlang und schließlich nach Seedorf.

Frauke, die »schwarze Perle«, wartet schon ungeduldig auf uns. Sie ist eine typische Friesin, hoch gewachsen und schwarz gelockt. »So sollen sie aussehen«, schwärmt Frank

Winkler gleich zur Begrüßung: »Eine wunderschöne Vertreterin ihrer Rasse!« Ungeduldig schüttelt Frauke ihren Kopf, will endlich 'raus und mit ihrem Fohlen auf die Weide. Frank Winkler lebt und arbeitet seit Ende der 90er Jahre auf Gut Seedorf, hat es mit Andrea Korella und Hans-Werner Reimers zum »Reit- und Fahrsportzentrum« ausgebaut. Die traumhaft schöne Gutsanlage liegt direkt am See. Im Mittelpunkt stehen in Seedorf die barocken Friesen-Pferde, auf die sich das Trio spezialisiert hat. Begleitet von unseren Kameras führen Heike und Frank Winkler die stattliche Stute vom Stall auf die Weide, das vier Wochen alte Fohlen immer dabei. »Eigentlich züchten wir ja gar nicht mehr«, erklärt Herr Winkler, wirft einen liebevollen Blick auf das Fohlen und ergänzt, »aber so ganz konsequent sind wir dann doch nicht.« Tatsächlich ist die Zucht aber Nebensache. »Wir kaufen die drei- bis vierjährigen Jungpferde von holländischen Kleinbauern und bilden die Friesen hier zu Reit- und Fahrpferden aus.« Angesichts der insgesamt über dreißig Friesen auf Gut Seedorf wird klar, dass für die Zucht wenig Zeit bleibt. »Wir verkaufen die ausgebildeten Pferde dann in die ganze Welt, nach Amerika, Polen, Rußland ...« Frank Winkler erzählt stolz von den Verkaufserfolgen. »Die sind natürlich zur Zeit sehr in Mode gekommen, aber zu Recht: Die Friesen sind sehr lernfähig und dabei auch noch äußerst gutmütig und hübsch. Das ist das, was die Leute heute suchen.« Innerhalb von acht bis zwölf Wochen, erklärt Frank Winkler, werden aus jungen Wilden in Seedorf gut reitbare, fahrbare und natürlich auch verladefromme Friesen. »Wir sind sozusagen die ›gute Kinderstube‹

Die flotten Friesen sind straßensicher und elegant anzusehen.

und dann gehen die meisten auch schon wieder weg, leider«, fügt er fast bedauernd hinzu, aber der Bedarf an guten Pferden sei wirklich groß. Für die hohe Dressur allerdings, meint er, seien dann aber doch sieben bis acht Jahre Training nötig. Training? Das ist das Stichwort für Heike.

Frank Winkler und Heike Götz auf Gut Seedorf.

Wer fahren lernen will, muss zuerst ans Fahrlerngerät – schließlich sollen die prächtigen Friesen geschont werden!

Heike will es erstmal mit dem Fahren versuchen – mit Trockenübungen. An einem tischartigen Gestell, an dem paarweise Fahrleinen angebracht sind, darf sie üben. An den Leinen hängen Holzklötze mit Bleigewichten. »Die haben ungefähr die Zugkraft eines Pferdkopfes«, erklärt Hans-Werner Reimers, seit Jahren schon auf vielen Turnieren ein erfolgreicher Gespannfahrer, »die beiden Klötze müssen immer ungefähr auf einer Höhe sein, das ist das Schwierige …«. An diesem Fahrlehrgerät bekommen Anfänger die ersten Lehrstunden, entwickeln ein Gefühl für die Leinen und schonen dabei die Pferde. Während Heike sich mit den verschiedenen Haltungen der Fahrleinen abmüht, üben im Hintergrund auf dem Dressurviereck Reiter mit den Friesen.

Und dann wird es ernst – mit der einspännigen »Friesen-Sjees« (sprich: Friesen-Scheese). »Das ist das Originalfahrzeug der holländischen Friesen. Damit ist man früher bei gutem Wetter in die Kirche gefahren.« Hans-Werner Reimers ist sichtlich stolz auf das schmucke Gefährt mit den zwei großen Rädern, dem schneeweißen Gestell und den mit rotem Plüsch bezogenen Doppelsitz. »So eine Friesen-Sjees wird auch nur mit Friesen gefahren. Heute werden in Holland sogar noch Wettkämpfe damit ausgetragen.« Mit geübten Handgriffen hat er das Pferd angespannt. Heike darf gleich oben neben Herrn Reimers Platz nehmen – eine etwas wacklige Angelegenheit, wie er selbst zugibt. Denn die Sjees steht nur auf zwei großen, mit Hartgummi beschichteten Holzrädern und der darüber angebrachte Sitz schwankt bei der kleinsten Erschütterung. Heike nimmt es mit Fassung, weiß sich bei Hans-Werner Reimers sicher aufgehoben. Nur für unseren Kameramann Fred Fechtner wird es schwierig, denn so eine Friesenscheese ist eben nur für zwei Personen gebaut. Gleich hinter dem Gutshaus geht es durch einen kleinen Park am See. Heike findet, trotz der Wackelei, Gefallen am Fahren, erkundigt sich vorsichtig nach den Kosten für so einen ausgebildeten Friesen. »Nun, dies Pferd hier kostet beispielsweise 10.500 Euro, ist ausgebildet im Fahren und im Reiten. Und die Sjees liegt bei gut 10.000 Euro«. Trotzdem, fährt Herr Reimers fort, würden diese Preise gerade mal so die Kosten decken. »Das ist für mich so etwas wie ein Hobby, das nur dadurch funktioniert, dass meine Frau voll mitzieht und auch meine Partner, Frank Winkler und Andrea Korella, von den Friesen so begeistert sind. Geld kann man mit Pferden heute eigentlich kaum noch verdienen.«

Dabei wird den Pferdefans auf Gut Seedorf viel geboten. Es gibt Boxen für Pensionspferde, eine große Reithalle, Außenplätze zum Reiten und Fahren und Reitwege direkt vor der Tür. Und natürlich kann man, neben den Friesenpferden selbst, auch jede Menge Zubehör kaufen – vom einfachen Halfter bis hin zur kompletten Turnierkutsche. Wer will, kann sich im großen Gutshaus am See eine Ferienwohnung mieten. Nach Voranmeldung bieten die Seedorfer auch Kutschfahrten an, nicht unbedingt auf der kleinen Friesen-Sjees, sondern auch auf größeren Kutschen und Kremsern. Sogar eine Hochzeitskutsche gehört zum Repertoire.

Nicht ganz so feierlich, aber dafür genauso zünftig soll es weitergehen ins Nachbardorf Groß Zecher. Frank Winkler hat, während Heike auf der Friesen-Sjees im Gutspark fuhr, zwei vierjährige Wallache vor eine Kutsche gespannt, mit der er uns zum nächsten Drehort bringen will. »Man muss ja nicht immer Fahrrad fahren,« lacht er, während er Heike galant auf die Kutsche hilft. Natürlich

Auf der Friesen-Sjees unterwegs – heikler Einsatz für Kameramänner und Fahrer.

stehen die Hoftüren nicht nur dem Fernsehen offen. »Hier kann sieben Tage die Woche jeder das Gut besuchen, 365 Tage im Jahr. Wenn man Pferde hat, gibt's eben keinen Urlaub und keine Freizeit. Und so ist unser ›Reit- und Fahrsport-Zentrum Gut Seedorf‹ für jeden eigentlich immer geöffnet.«

Friesenzentrum
Gut Seedorf
Dorfstraße 5
23883 Seedorf
Telefon 0 45 45 / 79 13 07
Telefax 0 45 45 / 79 13 81
www.gut-seedorf.de

Ausbildung und Verkauf von Friesenpferden, Kutschenverkauf für Turnier, Hobby und Freizeit, Reit- und Fahrsportzubehör, Pensionsboxen, Reit- und Fahrausbildung, Übernachtungsmöglichkeiten im Gutshaus. Alljährlich Anfang Juli Barockpferdetage. Oster- und Herbstveranstaltungen.

Im Kutschercafé von Groß Zecher

Ob nun ein- oder zweispännig, hoch zu Roß oder mit dem Drahtesel – die drei Kilometer von Seedorf nach Groß Zecher sind schnell zurückgelegt. Besonders schön, allerdings etwas hügelig, ist die Strecke quer durch das malerisch gelegene Seedorf: Erst entlang des Küchensees, linker Hand glänzt dann der Schaalsee und gleich darauf der »Priestersee«. Immer wieder laden idyllische Badestellen zum Verweilen ein. Selbst wenn es bergauf die Landstraße entlang geht, blitzt immer wieder hinter den Bäumen das Wasser.

Das Gutshaus von Groß Zecher.

Schon auf der langen Lindenallee, die zum Gut Groß Zecher führt, entdecken wir rechts auf der Weide eine junge Frau in Arbeitskluft, die energisch ihre 70 Milchkühe zusammentreibt. Wir kommen gerade rechtzeitig, um zumindest noch symbolisch mitzuhelfen, die Kühe zum Melken in den Stall zu bringen. Heike ist dann doch etwas überrascht – so zupackend und erdverbunden hatte sie sich die Gutsherrin von Groß Zecher dann doch nicht vorgestellt. »Der Hof ist zwar seit über 300 Jahren in Familienbesitz, aber die Landwirtschaft war über Generationen verpachtet«, erzählt Hannelore von Witzendorff, während sie mit Heike zusammen, von Kühen umringt, die Lindenallee in Richtung Gutsanlage läuft. »Ich bin hier ganz in der Nähe in einem Forsthaus aufgewachsen, habe in Kiel Landwirtschaft studiert. 1994 konnte ich dann beginnen, den Hof selbst zu bewirtschaften.« Es war ein schwieriger Start, denn seit Jahrzehnten war kaum noch etwas in die historischen landwirtschaftlichen Gebäude investiert worden und die Zeit der guten Preise für Agrarprodukte ging gerade zu Ende. Immerhin hat die Familie voll mitgezogen. »Um den Ackerbau kümmert sich mein Schwager,« erklärt Hannelore von Witzendorff, während wir an den Maschinenhallen vorbei kommen. Die 300 Hektar Ackerland und die 70-köpfige Milchkuhherde sind zwar eine ganz ordentliche Grundlage, aber auf lange Sicht, so befürchtet die Gutsherrin, werde das allein nicht ausreichen, um den Familienbetrieb im Naturschutzgebiet rentabel zu betreiben. Doch für sie ist Landwirtschaft ein ganz besonderes Unternehmen, bei dem nicht allein die Zahlen entscheidend sind. »Meine Leidenschaft sind die Kühe!«, gesteht Hannelore von Witzendorff ganz offenherzig, »die haben bei uns übrigens alle Namen …« Heike will natürlich sofort wissen, wie die Kuh neben ihr heißt. Für uns sehen sich die Kühe doch alle sehr ähnlich, sind kaum zu unterscheiden. »Das ist Sina!« kommt es sofort. »Die haben zwar Nummern im Ohr«, erklärt Hannelore von Witzendorff, »aber jede Kuh sieht anders aus. Und ich kenne sie natürlich von Geburt an.«

Während der Melker sich um die Kühe kümmert, zeigt uns Hannelore von Witzendorff den Abkalbestall. In der Nacht ist gerade ein Kälbchen geboren worden, das noch bei der Mutter sein darf. Heike will beim beim Einstreuen mit anpacken – aber der große Rundballen stellt sich stur. Rund 300 Kilo wollen bewegt sein. »Normalerweise mach' ich auch das allein«, erzählt Hannelore von Witzendorff beiläufig, während sie mit Heike, Hauruck und viel Kraft den mannshohen Rundballen langsam in Bewegung setzt.

Auf dem Weg zum Gutshaus grast auf einer urwüchsigen Koppel ein ganz besonderes Pärchen: Ein Pferd und eine Kuh, die sich zärtlich gegenseitig beknabbern. »Die Kuh ist das erste Kalb, das bei mir hier auf dem Hof geboren wurde. Sie hat beschlossen, nicht tragend zu werden und gibt also auch heute keine Milch«, erzählt Hannelore von Witzendorff schmunzelnd. »Aber weil wir sie schon als Kälbchen so verhätschelt und verpäppelt haben, konnte ich sie unmöglich zum Schlachter schicken, wie das sonst so üblich ist.« Und so darf sich Kuh Unke als Gesellschafterin für das Pferd nützlich machen, ohne in ihrem Leben auch nur einen Tropfen Milch gegeben zu haben.

Hannelore von Witzendorff, studierte Landwirtin und perfekte Gastgeberin von Groß Zecher.

»Jetzt müssen wir uns aber sputen«, drängt Hannelore von Witzendorff, »wir haben heute eine Gruppenanmeldung im Café.« Neben der normalen Landwirtschaft hat Hannelore von Witzendorff in einem ehemaligen Stall das »Kutschercafé« eröffnet. Das Backsteingiebelhaus, mit einer wunderschönen Terrasse direkt am See gelegen, ist aufwändig und stilvoll umgebaut. Hannelore

Rezept:

Kutschertorte (Schneeballtorte)

Bisquitboden, Formrand um den Bisquit legen.

Creme
750–800 g Schmand, 2 Dosen Mandarinen,
20 g Zucker, 2 Vanillezucker, 6 BL. Gelatine.

Gelatine einweichen, Mandarinen abtropfen lassen. Dann 1/8 l Mandarinensaft mit Zucker, Vanillezucker und Schmand verrühren, unter die Creme rühren und Mandarinen unterheben.

Dann die Fruchtcreme auf dem Bisquitboden verteilen und kühl stellen.

Schneebälle
500 g Sahne, 100 g Getränkepulver »Orange«, 3 Vanillezucker,
3 Bl. Gelatine, geh. Pistazien

Sahne steif schlagen, Getränkepulver und Vanillezucker unterrühren. Sahne kühlen und mit Eiskugelportionierer Kugeln abstechen und auf die Schmandcreme setzen. Anschließend Pistazien über die Schneebälle streuen!

Guten Appetit!

von Witzendorff steht mit Heike in der Küche und gibt den selbst gebackenen Torten den letzten Schliff. »Das ist die Spezialität des Hauses, die Kutschertorte«, erläutert sie. »Das Rezept habe ich von den Landfrauen übernommen, die mit mir das Café betreiben.« Sorgfältig und unter sachkundiger Anleitung darf Heike die Torten mit »Schneebällen« aus einer Orangen-Sahne-Creme verzieren.

Eigentlich sollten wir vor der Torte unbedingt noch einen kleinen Spaziergang machen, denn das Gut ist Ausgangspunkt für einen einzigartigen Rundweg um die Halbinsel des so genannten Werders von Groß Zecher. Aber die Torte schmeckt auch ohne Spaziergang hervorragend. Es ist wirklich ein kleines Paradies – die Füße im Wasser baumelnd, die leckere Torte im Magen und vor uns der Blick auf eine idyllische Schaalseebucht: Natur pur!

Gut Groß Zecher
Hannelore v. Witzendorff
»**Zur Kutscherscheune**«
Lindenallee 15
23883 Groß Zecher
Telefon 0 45 45 / 8 01
Telefax 0 45 45 / 8 00
E-Mail cafe@kutscherscheune.de
www.kutscherscheune.de

Gutsbetrieb direkt am Schaalsee, Ausgangspunkt eines Rundwanderweges über den Werder (Halbinsel im Schaalsee). Café im historischen Pferdestall, Seeterrasse direkt am Schaalsee, Beherbergungsmöglichkeiten nach Voranmeldung auch für Wanderreiter. Geöffnet Frühling bis Herbst Donnerstags bis Montags ab 12.00 Uhr, im Winter nur an Wochenenden ab 12.00 Uhr. Gesellschaften jederzeit nach Vereinbarung.

Gourmets bevorzugen die Dorfkneipe

Wenige hundert Meter weiter, im Zentrum des Gutsdorfes Groß Zecher, liegt ein kleines Restaurant mit dem Namen »Maräne«. Der Name

Holger Rinck, Chefkoch und Inhaber, und Heike Götz in der Küche der »Maräne«.

ist Programm: Fast nirgendwo sonst in der Region gibt es eine so umfangreiche Speisekarte mit frischen Fischen aus heimischen Gewässern wie in der »Maräne«. Eigentlich war und ist die »Maräne« in Groß Zecher eine ganz normale Dorfkneipe mit Tanzsaal – seit zehn Jahren allerdings entwickelt sie sich zu einem Geheimtipp für Gourmets. Die fangfrisch servierte Maräne, ein lachsartiger Kaltwasserfisch, ist hier die absolute Spezialität.

Holger Rinck, Inhaber und Chefkoch in einer Person, führt Heike gleich in die Küche – sie darf bei der Zubereitung der gerade fangfrisch angelieferten Fische helfen: Hechte, Saiblinge, ein Aal, kleine und große Maränen liegen bereit. Holger Rincks Rezept klingt einfach: »Schuppen, ausnehmen, säubern, würzen und dann ab in die Pfanne …« und fertig ist die »Fischplatte«, eines der Gerichte, die in der »Maräne« auf der Speisekarte stehen. Mit geübten Griffen schneidet Holger Rinck die Fische in gleichmäßige Stücke. »Aber was ist denn nun das Geheimnis Ihrer Küche?« Heike will es etwas genauer wissen. »Die Qualität und die Frische«, gibt Holger Rinck spontan preis, »und dann muss man sie auf natürliche Weise ohne viel Schnörkel zubereiten, eben Fisch pur. Eine gute Kartoffel dazu und Butter – mehr braucht man eigentlich nicht!« Routiniert würzt der Fischkoch kräftig mit Salz, wälzt die kleinen Maränen in Mehl und brät die verschiedenen Fischstücke in einer großen Pfanne mit Butter an. Klar, dass er genau die Garzeiten im Gespür hat, damit die unterschiedlichen Fische alle zugleich auf dem Punkt servierfertig sind.

Goldbraun angebraten, serviert Holger Rinck selbst die »Fischplatte«, damit sich Heike vom Geschmack überzeugen kann. Kartoffeln in einer großen Schüssel und Salat gibt es extra dazu – die modischen und oft sehr übersichtlichen »Tellergerichte« sind in der Maräne tabu. Heike hat inzwischen in der liebevoll gestalteten Speisekarte geblättert. »Sie haben

Die Fischplatte à la Maräne – ein Genuss, für den Kenner von weither anreisen.

nicht sehr viel auf der Karte,« stellt sie fest. »Wir machen eben alles nur frisch und so können wir auch nur das anbieten, was frisch gefangen da ist. Anders geht das nicht!«, fasst Holger Rinck seine Küchenphilosophie zusammen. »Für diejenigen, die keinen Fisch mögen, haben wir natürlich vor allem Wild und einige ›normale‹ Gerichte wie Fleisch oder Geflügel auf der Karte«, ergänzt er. »Wild ist unser zweites Standbein, denn hier wird ja sehr viel Wild geschossen: Rehwild, Damwild, Hirsche, Schwarzwild im Überfluss. Das ist besonders in den Wintermonaten eine sehr leckere Sache.«

Über Jahre hinweg und mit viel Durchhaltevermögen hat sich Holger Rinck mit seiner Crew langsam eine Stammkundschaft aufgebaut, die seine ursprüngliche Kochkunst zu schätzen weiß. Für Holger Rincks berühmte Hechtklößchen in Dillrahm lohne sich der weiteste Weg – mit diesen Worten lobte ihn jüngst sogar eine überregionale Sonntagszeitung. Schon deshalb ist es ratsam, sich rechtzeitig einen Tisch zu bestellen. Trotzdem hat sich die »Maräne« den Charakter und rustikalen Charme einer Dorfkneipe bewahrt, in der man einfach nur sein Bierchen am Tresen trinken kann. Mit etwas Glück trifft man hier auch einen der Fischer, die am besten über die vielen Geschichten des sagenumwobenen Schaalsees Bescheid wissen. Sogar die Preise sind übrigens moderat geblieben – trotz Euro-Umstellung.

Fischrestaurant »Maräne«
Holger Rinck
Dorfstraße 12
23883 Groß Zecher
Telefon 0 45 45 / 13 71

In der Region für frischen Fisch berühmtes Restaurant für Süßwasserfische aus dem Schaalsee wie Maränen, Aal, Zander, Hecht, Barsch und regionale Wildspezialitäten und Partyservice. Außer-Hausverkauf u. a. von frischem Räucherfisch. Täglich geöffnet von 11.30 bis 21.00 Uhr, im Winter Dienstags Ruhetag. Modern ausgestattete Hotelzimmer und Ferienwohnungen.

Feinkost, direkt aus dem Wald

Mitten im Wald, zwischen Gudow und Büchen gelegen, finden wir etwas abseits der Landstraße das »Forstgut Bergholz« der alteingesessenen Familie von Bülow. Seit über 550 Jahren leben und wirtschaften die von Bülows im Herzogtum Lauenburg, heute sind sie berühmt für ihre hausgemachten Wildspezialitäten. Auf der Wiese vor dem stattlichen Forsthaus kurvt ein junger Mann auf einem Aufsitzmäher: Letzter Schliff, bevor das Fernsehen kommt. Der Mann auf dem Mäher ist Joachim von Bülow, der Wildvermarkter der Familie. »Wir haben Rotwild, Damwild, Rehwild, Wildschweine, Kaninchen, Fuchs, Hase ..., alles, was man sich nur vorstellen kann,« schwärmt er. »Vor über hundert Jahren ist das hier alles aufgeforstet worden – insgesamt über 800 Hektar.« In der Region gilt die von Bülow'sche Jagd in Bergholz und Gudow als eine der gepflegtesten überhaupt. Vor über 20 Jahren fing Theda von Bülow an, das überreichlich vorhandene und schließlich erlegte Wild nach alten Hausrezepten zu verarbeiten und zu verkaufen. Mit durchschlagendem Erfolg: Aus dem Geheimtip wurde eine Existenzgrundlage.

Großen Wert legt Joachim von Bülow darauf, dass »sein« Wild wirklich frei in den Wäldern der Umgebung lebt. »Wildtiere sind Feinschmecker, die oft kilometerweit laufen, um die besten Wildkräuter zu finden. Das schmeckt man auch beim Fleisch noch heraus.« Ob bratfertiges Wildfleisch oder nach Hausrezepten produzierte Spezialitäten vom Hirsch-Schinken über die Reh-Leberpasstete bis hin zum Wildschwein-Sauerfleisch – seine Wildspezialitäten verkauft Joachim von Bülow normalerweise auf den größeren Märkten in der Region, beispielsweise auf Gut Basthorst, Wotersen und darüber hinaus auf Schloss Ippenburg. Nach Voranmeldung kann man auch selbst in Bergholz, dem privaten Familienrefugium einkaufen. Selbstverständlich verschickt er seine Leckereien auch ins gesamte Bundesgebiet.

Einen großen Teil der Wildspezialitäten lässt Joachim von Bülow inzwischen von einer befreundeten Schlachterei nach den uralten Familienrezepten produzieren, doch zumindest bei der Herstellung der hochgelobten Reh-Leberpastete darf Heike in der privaten Küche in Bergholz assistieren. Die frische Reh-Leber liegt schon bereit und wird mit

Joachim von Bülow gibt dem Rasen den letzten Schliff – extra für die Landpartie!

Das Geheimnis einer Rehleberpastete wird enthüllt – es ist, wie immer, ganz einfach (wenn man weiß, wie es geht …).

drei, vier Schnitten grob zerkleinert. Heike darf jeweils einen ordentlichen Schluck Sherry, Portwein und Cognac zu gleichen Teilen hinzugießen und reichlich Thymian zugeben. Nachdem alles zusammen gut fünf Minuten gezogen hat, kommt der gesamte Inhalt der Schüssel in eine Bratpfanne mit siedender Butter und wird von beiden Seiten kurz angebraten. Während Joachim von Bülow den Pfanneninhalt in einem Küchenmixer püriert, gibt er wichtige Tipps: »Wild darf nie, wirklich niemals, durchgebraten sein! Dann schmeckt es nämlich nach gar nichts mehr. Es muss rosé sein.« Voraussetzung für diesen Wildgenuss, und das ist in Bergholz offensichtlich selbstverständlich, sind ein sauberer Schuss und wirklich frisches Fleisch. Zusammen mit gequirlter Butter und nach einigen weiteren Arbeitsgängen wird dann schließlich die Rehleberpastete nach Urgroßmutters Rezept abgeschmeckt. Zum Glück, wir haben natürlich schon wieder den nächsten Termin vor uns, kann Joachim von Bülow Heike gleich vor laufender Kamera fertige Rehleberpastete anbieten – zusammen mit einer natürlich ebenfalls selbst gemachten Cumberland-Sauce. »Das ist das i-Tüpfelchen!«, schwärmt der Wildkoch,«das ist das süß-salzige, das einem dann auf der Zuge zergeht.« Heike genießt still und nickt zustimmend – denn mit vollem Mund …

Wildspezialitäten
Joachim v. Bülow
Forstgut Bergholz, 21514 Bergholz
Telefon/Telefax 0 41 55 / 22 11
E-Mail: achimbuelow@hotmail.com
www.forstgut-bergholz.de

Die Familie von Bülow vermarktet Wildspezialitäten, hergestellt nach uralten Hausrezepten. Neben den klassischen Bratenstücken ist das Sortiment besonders berühmt für Wurstspezialitäten und Wildpasteten, übrigens ausgezeichnet von der Zeitschrift »Der Feinschmecker« als einer der besten Läden bzw. Produzenten Deutschlands. Geöffnet ist der Verkauf von Montags bis Freitags von 9.30–13.00 Uhr oder nach telefonischer Vereinbarung.

Unterwegs im Wildpark Mölln

Keine zehn Minuten Fußweg von der mittelalterlichen Kleinstadt Mölln entfernt liegt der liebevoll angelegte »Wildpark Mölln«. Auf einem 20 Hektar großen Gelände in der eiszeitlich geprägten Waldlandschaft lassen sich nahezu alle im Naturpark Lauenburgische Seen lebenden Wildtiere in geräumigen Gehegen erleben. Wir haben uns gleich am frühen Morgen mit Lutz Wilde zu einer Führung verabredet. Morgens zur Futterzeit sind die Chancen am besten, dass sich die Tiere auch angesichts eines großen Fernsehteams mal blicken lassen. »Wir haben hier fast natürliche Bedingungen«, erzählt Lutz Wilde, »allerdings sind 20 Stück Damwild auf 10 Hektar ein sehr hoher Besatz. In der freien Wildbahn wäre das zu viel, darum müssen wir auch im Sommer täglich zufüttern.« Während er mit Heike und dem kleinen Futterwagen zur Futterkrippe geht, versuchen wir schon mal, das normalerweise um diese Zeit wartende Damwild zu filmen. Allerdings – das Wild macht sich rar. Selbst in dem knapp 10 Hektar großen Damwildgehege können sich die Tiere noch perfekt verstecken. »Das sind schließlich keine Haustiere«, erklärt Lutz Wilde fast entschuldigend. »Aber sie kommen bisweilen auch mal ganz dicht heran,« verspricht er. »Die Besucher können sie dann füttern und manchmal steht man wirklich mittenmang.« Also Futter abladen, weggehen und mit einem Teleobjektiv aus der Entfernung beobachten. Und tatsächlich, der Hunger auf Getreideschrot ist dann doch stärker als die Furcht vor einer Horde Fernsehleute: Vorsichtig kommen die ersten Damhirsche aus dem Gebüsch und fangen an zu fressen, während das übrige Rudel die Situation noch aus sicherer Distanz beobachtet.

Inzwischen bereiten Lutz Wilde und Heike das Wildschweinfutter vor: In Salz eingelegte Eicheln, Getreideschrot, Brotreste und etliche tote Hühnerküken. »Wildschweine

»Hey, kommt mal hier rüber – wir haben auch Hunger!«

Lutz Wilde vom Wildpark Mölln kennt Flora und Fauna beim Namen. Mit ihm macht der Gang durch den Wildpark erst so richtig Spaß.

sind von Natur aus auch Aasfresser, wie wir Menschen. Darauf müssen wir achten, wenn wir die Wildschweine artgerecht füttern wollen«, erklärt Lutz Wilde. Während Heike und er den Futtertrog im Wildschweingatter füllen, warnt Lutz Wilde Heike: »Bleiben Sie nah bei mir! Die Sauen können schon recht giftig werden, wenn man den Frischlingen zu nah kommt!« Kaum gesagt, schon passiert's: Obwohl unsere junge Kamerakollegin Esther sich nur über den doppelten Zaun des Geheges gelehnt hat, fühlt sich eine Bache provoziert. Mit einem gewaltigen Satz springt sie auf Esther zu, die sich in letzer Minute rettet – die Wildschweinzähne landen im Pullover. Die Lust aufs Streicheln der niedlichen Frischlinge ist plötzlich allen vergangen. Ein Wildpark ist eben kein Streichelzoo.

Etwas weiter wird's dann wieder niedlich, Waschbären warten auf Haselnüsse. Mit ihren geschickten kleinen Händchen angeln sie flink nach Futter, das sie dann schnell im Maul verschwinden lassen. »Das sind wirkliche Bären!«, erzählt Lutz Wilde, »die gehören zu den Kleinbären und sind seit den 20er Jahren von Nordamerika kommend hier eingebürgert worden und haben sich in freier Wildbahn seitdem sehr stark vermehrt.« Die Allesfresser kommen neuerdings sogar in die Gärten und durchwühlen Komposthaufen ebenso gern wie sie den »Gelben Sack« nach Fressbarem inspizieren oder sogar vom Gartenobst naschen. Heike ist begeistert von den kleinen Bärchen, die geschickt mit dem Futter jonglieren und sie mit ihren blitzenden Äuglein anzulachen scheinen.

Alle Tiere im Möllner Wildpark stammen aus eigener Nachzucht oder anderen Gehegen. Verletzt aufgefundene Tiere aus freier Wildbann werden in Mölln gesund gepflegt und wieder in die Natur entlassen. Auch die Nachkommen bedrohter Tierarten werden wieder ausgewildert. So konnte, erzählt Lutz Wilde, der Möllner Wildpark bei der Wiedereinbürgerung des bereits ausgestorbenen Uhus erfolgreich helfen. Trotz seiner Spannweite von 1,70 Meter ist der Uhu erst auf den zweiten Blick in seiner neu gebauten Voliere zu finden. Natürlich gibt es im Möllner Wildpark noch jede Menge weiterer Gehege, Vogelvolieren und sogar Aquarien, aber Lutz Wilde will uns noch den »Grundlosen Kolk« zeigen, ein in der Eiszeit entstandener Tümpel mit angrenzenden Moorflächen.

Quakende Frösche, flirrende Libellen und wir auf einem schmalen

Holzsteg mitten im Moor. Eine ganz andere Welt tut sich auf. Seltene Pflanzen mit seltsam klingenden Namen: Wollgras, das Enziangewächs Fieberklee, Sumpfblutauge um uns herum. Und sogar der fleischfressende »Sonnentau« wartet auf zufällig vorbeikommende Kleininsekten. Auf jede Frage weiß unser Wildparkführer eine Antwort, kennt jedes noch so unscheinbare Gewächs und kann sogar erzählen, wofür die Pflanzen in früheren Zeiten genutzt wurden. Lutz Wilde ist einer von mehreren Kollegen, die auf Anmeldung kompetent durch den Wildpark führen. Der Eintritt ist kostenfrei, der Wildpark wird von der Stadt Mölln unterhalten. Er wurde erst vor rund 30 Jahren mit Hilfe von spendablen Möllner Bürgern und Unternehmen angelegt. Natürlich ist man auch heute noch dankbar, wenn ein kleiner Teil der laufenden Kosten durch Spenden – in die aufgestellten Sammelbehälter im Park – aufgebracht werden kann. Ein Geheimtipp für die kleinen Besucher ist der große Kinderspielplatz mitten im Park. Die Kinder zeigen uns auch, wie man die wilden Schweine im nahen Gatter ganz schnell wieder besänftigen kann – ungekochte Nudeln scheinen

»Mal Ruhe da hinten auf den billigen Plätzen! Unser Müsli essen wir selbst!«

Einen Augenblick der Ruhe genießt hier ein junger Damhirsch im Möllner Wildpark.

ihre Lieblingsspeise zu sein, für die sie einem am liebsten aus der Hand fressen würden.

Wildpark Mölln
Kurverwaltung Mölln
Postfach 1329
23873 Mölln / Lauenburg
Telefon 0 45 42 / 70 90 + 70 90
Telefax 0 45 42 / 8 86 56
E-Mail ferien@moelln.de
www.moelln.de

Weiträumig angelegtes Gehege der Stadt Mölln, in dem Besucher heimischen Wildtieren begegnen können. Die Tiere, Damwild, Wildschweine, Rotwild, Waschbären, etc., stammen aus eigener Nachzucht oder anderen Gehegen. Typisch für die lauenburgische Natur ist der idyllisch gelegene Kolk mit vielen seltenen Moorpflanzen. Für Kinder gibt es einen großzügig gestalteten Spielplatz. Der Eintritt ist frei, der Park freut sich über freiwillige Spenden.

Vom Hahn zur Bronzeplastik

Viel Natur, viel Lebensqualität, wenig Industrie: Der Kreis Herzogtum Lauenburg hat wirtschaftlich bislang wenig von der unmittelbaren Nähe zu den Metropolen Hamburg und Lübeck profitiert. Es ist im wahrsten Sinne des Wortes also viel Luft geblieben für Kreative, Künstler und spezialisierte Dienstleister, die sich in der weitgehend intakt gebliebenen Kulturlandschaft einfach wohl fühlen. Einer von ihnen ist Michael Wittkamp, der gleich am Ortsausgang von Elmenhorst eine der ganz wenigen Bildgießereien Norddeutschlands betreibt.

Als Heike mit ihrem Fahrrad 'reinschaut, arbeiten er und seine Kollegen gerade – zufällig passend zur »Landpartie« – an einer Kleinserie von Hühnern aus Bronze. In einem hochkomplizierten Verfahren macht Michael Wittkamp von dem angelieferten Modell Formen, die nach vielen Zwischenschritten schließlich mit flüssiger Bronze ausgegossen werden sollen. Heike darf gleich mit anfassen und die feinen Grate an einer elastischen Form mit einem kleinen Messerchen vorsichtig ab-

Hier kommt die flüssige Bronze in den Grafitkessel. Nur ein paar Minuten bleiben den Handwerkern, um das Werk zu vollbringen.

schneiden. Kunst oder Handwerk? Angesichts der filigranen Arbeiten fällt die Zuordnung nicht leicht. Michael Wittkamp stellt klar: »Wir sind hier eindeutig Handwerker, weil wir ja nicht gestalterisch tätig sind. Wir müssen zwar das Verständnis für das Kreative haben, sind es aber selbst nicht. Also ohne die Künstler, die Bildhauer, die uns die Modelle liefern, können wir auch nicht arbeiten.«

Der erste Schritt ist eine Gipsform als Abdruck der angelieferten Original-Plastik. In diese Gipsform kommt dann eine elastische Silikonmasse, die als Positivabdruck alle Züge der angelieferten Plastik trägt. Mit Hilfe dieser »Silikon-Plastik« können die Bildgießer schließlich Wachsschichten in weiteren Gipsformen auftragen, die der späteren Dicke der Bronze entsprechen. Schließlich entsteht das Original so noch einmal in Wachs. Allerdings baut Michael Wittkamp nun zusätzlich noch ein Gestänge aus Wachsröhrchen an: als Gießkanäle für die heiße Bronze und damit die Luft aus der Plastik entweichen kann. »Da oben wird dann die Bronze eingefüllt,« erklärt Michel Wittkamp und zeigt auf ein besonders dickes Wachsrohr am Kopf des Wachshuhnes, »die fließt ganz nach unten, an der höchsten Stelle gibt's deshalb eine Entlüftung.« Zusätzlich gibt es einige »Abzweigungen«, da die Bronze auf ihrem Weg in die Form erkaltet und sich das Material möglichst gleichmäßig in der Form verteilen soll. Diese ganze Konstruktion aus Wachs kommt in einen Kasten, der mit einem gipsartigen Material ausgefüllt wird. Nach einigen Tagen kann Michel Wittkamp das Wachs in einem Ofen herausschmelzen, sodass schließlich die Gießform mit einem

Michael Wittkamp ist stolz auf den wunderschönen Bronze-Hahn.

Hohlraum in Form des Hahnes übrig bleibt. Rund eine Woche dauern all die Arbeitsschritte.

Während er Heike den Vorgang genau gezeigt und erklärt hat, haben die Kollegen nebenan schon mal den Bronzeofen angefeuert. Zwei Hähne, deren Formen schon in der vergangenen Woche fertig geworden sind, sollen heute gegossen werden. Als der Schmelzofen etwa 1150 °C erreicht hat, geht's los. Vorsichtig heben zwei Mitarbeiter mit einem kleinen Kran einen orangerot glühenden Tiegel aus dem Schmelzofen. »Der mit Bronze gefüllte Tiegel ist aus Kohlegrafit und bekommt erst bei solchen Temperaturen seine Festigkeit«, erklärt Michel Wittkamp. Bei uns rinnen die ersten Schweißperlen, denn alle Fenster und Türen im Werkraum sind fest geschlossen, es darf keine Zugluft geben. »Wir haben nur fünf bis sieben Minuten, in der die Bronze gießfähig bleibt«, fährt der Bildgießer fort, während bei allen im Raum so etwas wie ein Saunagefühl aufkommt. Mit cooler Routine gießen die mit Schutzkleidung vermummten Gießer vorsichtig die weit über 1000 °C heiße Bronze in die Gipsformen.

Hochkonzentriert sind natürlich auch unsere Kamera- und Tonkollegen – es muss schnell gehen, große Absprachen sind nicht mehr möglich. Es ist laut und stickig. Die Verständigung funktioniert mit Blicken. Wiederholungen, sonst bei Fernsehleuten sehr beliebt (»Bronzegießen, die fünfte!«), sind angesichts der beiden Formen, in denen so viel Zeit und Arbeit steckt, undenkbar; ein Zurückgießen der Bronze unmöglich. In solchen Momenten, da sind Achim Tacke und ich uns einig, sind wir froh und dankbar, mit glänzend ausgebildeten und hochmotivierten NDR-Teams drehen zu können. Denn selbstverständlich ist es nicht, dass wir vor Ort fast alles 1:1 drehen können – meist ohne den Menschen vor der Kamera eine zweite oder gar dritte Version abverlangen zu müssen. Aber ob es tatsächlich geklappt hat, merkt man immer erst Tage später im Schneideraum.

So langsam haben wir eine Vorstellung, wie aufwändig ein »einfacher Abguss« sein kann. Aber über Preise für seine Arbeit will Michael Wittkamp dann lieber nicht reden. »Jedes Stück ist anders, setzt ganz andere Arbeitsschritte voraus,« meint er vielsagend und ergänzt: »Was zählt, ist die Qualität und der Ruf, den man sich über Jahre hinweg erarbeitet hat.« Dann schlägt die Stunde der Wahrheit – vor allem für den Gießer selbst. Mit einem beilartigen Hammer in der einen Hand, in der anderen eine Drahtbürste, klopft Michael Wittkamp die Gipsform auf. »Das ist ja wie ein großes Überraschungsei«, scherzt Heike. »Klar, auch für mich«, pflichtet der Gießer bei, »erst jetzt kann ich sehen, ob sich eine Woche Arbeit gelohnt hat oder ein Fehlguss zustande gekommen ist.« Noch sieht das frisch gegossene Huhn zwar nicht wie das Original aus, aber fast. »Die Eingusskanäle, die Kernhalterungen, all das muss ab und dann zugeschweißt werden. Danach kommt der Ziseleur, der mit speziellen Werkzeugen und Verfahren schließlich die richtige Oberflächenstruktur herausarbeitet.« Michael Wittkamp ist hochzufrieden mit seiner Arbeit – und wir sind es später im Schneideraum auch: Die Gießereiszene ist in jeder Beziehung im Film richtig schön geworden – auch ohne Wiederholungen.

Bildgießerei Wittkamp
Michael Wittkamp
Bundesstraße 1
21493 Elmenhorst
Telefon 0 41 56 / 247
Telefax 0 41 56 / 78 72
E-Mail MWittkamp@t-online.de

Alteingesessene handwerkliche Bronzegießerei, die sich auf den Guss künstlerisch gestalteter Plastiken spezialisiert hat.

Zu Gast bei Vicky Leandros

Wenige Kilometer von Elmenhorst entfernt lebt auf Gut Basthorst dann eine wirkliche Künstlerin, die Sängerin Vicky Leandros. Sie ist nebenbei auch noch die Gutsherrin, während ihr Mann Baron Enno von Ruffin den uralten Familienbetrieb bewirtschaftet. »Basthorst ist über 750 Jahre alt,« erzählt Enno von Ruffin nicht ohne Stolz, »und gehört seit fast 400 Jahren meiner Familie«. Wir sind an diesem Sonnabend extra früh verabredet, um uns den Gutsbetrieb anzusehen, denn ab 10.00

Damen unter sich: Heike Götz zu Gast bei Vicky Leandros auf Gut Basthorst.

Uhr beginnt die alljährliche Messe »Golf & Gut« auf dem Gelände. Basthorst hat als eines der ersten Güter im Kreis Herzogtum Lauenburg im Rahmen von Großveranstaltungen seine Pforten ganz weit für Besucher geöffnet, veranstaltet jährlich etliche Märkte mit mehreren tausend Be-suchern. Doch Hauptstandbein des Gutsbetriebes ist nach wie vor die Landwirtschaft.

Bevor der Trubel beginnt, führt uns Enno von Ruffin bis unters Dach des großen Getreidespeichers. Von hier oben lassen sich die unterschiedlichen Getreidesorten am besten sehen. Weizen, Gerste, Roggen und Raps warten hier, wohlgetrocknet und durchlüftet, auf den richtigen Verkaufszeitpunkt, denn die Getreidepreise schwanken im Laufe der Zeit beträchtlich. Aber bis zur neuen Ernte, die in wenigen Wochen beginnt, soll das Lager leer sein. Regelmäßig überprüft Enno von Ruffin die Qualität seines Getreides und zieht mit einer langen Messstange Proben. Qualität und nachvollziehbare Herkunft sind ihm wichtig: Lange, bevor das Thema Schlagzeilen machte, hat er deshalb mit etlichen Berufskollegen die Erzeugervereinigung »Cerealis« gegründet, um das aus kontrolliertem Anbau stammende Getreide auch in der Region vermarkten zu können. »Das Korn mit Lebenslauf« soll das heimische Getreide von den Billig-Importen aus Drittländern unterscheidbar machen. »Vom Saatkorn über die Mühle bis hin zum Bäcker kann man die Herkunft zurückverfolgen«, erzählt der Baron stolz, »das ist in dieser Form in Deutschland einmalig!« Als einziger Erzeugerzusammenschluss in Deutschland haben es die Landwirte von »Cerealis« erreicht, dass sogar noch auf der Mehltüte im Supermarkt der jeweilige Herkunftsbauernhof aufgedruckt ist. Einzige Konzession: Wegen der großen Partien für die Mehlproduktion sind immer drei Herkunftsbetriebe zusammengefasst und namentlich genannt. »Wir haben damit die größte Garantie, dass im Mehl nichts drin ist, was da nicht 'reingehört«!, betont der Vermarktungsprofi vor laufender Kamera und nutzt die Chance zur Werbung: »Wenn Sie im Supermarkt ›Gloria-Mehl‹ kaufen, finden Sie mit etwas Glück auch ›Gut Basthorst‹ als Herkunftsbezeichnung!«

Doch selbst die cleverere Getreidevermarktung allein reicht nicht aus, um die historischen Gutsgebäude sinnvoll zu nutzen und zu erhalten. Immerhin ist es dem umtriebigen Baron gelungen, zwei Handwerker, die jeweils Meister ihres Fachs sind, in den ehemaligen Scheunen und Ställen unterzubringen. In einem kleinen Häuschen an der Gutseinfahrt residiert jetzt Benjamin Kleemann, einer der ganz wenigen Schustermeister in Deutschland, der noch individuell angepasste Maßschuhe anfertigen kann. Gleich nebenan, unweit der alten Schmiede, klingen heute ganz andere Töne: Johannes Wahrig hat hier sein Fagott-Kontor eingerichtet, baut dort in Kleinarbeit wohlklingende Musikinstrumente. Sogar eine renommierte Textildesignerin hat auf Basthorst ihr Studio eingerichtet. Heyke Manthey verkauft ihre Kreationen auch an Modegrößen wie Giorgio Armani.

Inzwischen läuft die zweitägige Veranstaltung »Golf & Gut« auf Hochtouren. Hunderte Stände der verschiedensten Anbieter und viele Möglichkeiten, den vermeintlich exklusiven Sport auch mal selbst auszuprobieren. Gleich am Gutsteich ist der erste Abschlag aufgebaut: Wer vom Ufer aus den Golfball in ein kleines Schlauchboot schlagen kann, hat zumindest Talent. Ein Golf-Anfänger-Spaß, der im Eintritt enthalten ist.

Währenddessen ist es später Nachmittag geworden, höchste Zeit für eine Pause. Angesichts des herrlichen Wetters freuen wir uns über einen Tisch auf der großen Terrasse vor dem ehemaligen Pferdestall, an dem uns Vicky Leandros zu einem Kaffee einlädt. Obwohl sie ein international gefeierter Star ist, fühlt sie sich offensichtlich in ihrer Rolle als charmante Gastgeberin auf Gut Basthorst sicht-

© Gut Basthorst

Der Gutsbetrieb Basthorst hat sich auf Getreideanbau spezialisiert.

Gut Basthorst bietet viele Events – hier präsentiert sich der Hamburger Verein »Schleppjäger e.V.«.

lich wohl, trotz des Trubels drumherum. Niemand erwartet von ihr den großen Auftritt, aber natürlich sind viele der Besucher auch da, um »mal Vicky zu sehen«. Damit hat die gestandene Künstlerin kein Problem – im Gegenteil: »Das stört überhaupt nicht. Da ist keiner dabei, der versucht, in unsere Privaträume zu gucken.« – Außerdem: »Ich sammle ja auch für einen karitativen Zweck, verkaufe beispielsweise auf unserem Weihnachtsmarkt immer über 2000 Lose, da ist jeder Gast willkommen.«

Gut Basthorst
Enno Freiherr von Ruffin
Auf dem Gut, 21493 Basthorst
Telefon 0 41 59 / 8 25 2-0
Telefax 0 41 59 / 8 52 82
E-Mail info@gut-basthorst.de
www.gut-basthorst.de

Gutsbetrieb mit dem Schwerpunkt Getreideanbau. Als Mitglied der Erzeugervereinigung »Cerealis« praktiziert das Gut konsequent eine »gläserne Produktion«, sodass noch auf der Mehltüte im Laden die Herkunft des Getreides nachvollzogen werden kann.

(Weitere Infos: Cerealis GmbH & Co. KG, Thurower Str. 1a, 19217 Groß Molzahn, Telefon 03 88 75 / 2 05 60 oder unter www.cerealis.de.)
Neben dem Gartenbaubetrieb ist Gut Basthorst vor allem durch Großveranstaltungen wie den alljährlichen Weihnachtsmarkt, »Golf & Gut« oder »Lust auf Land«berühmt. Baron v. Ruffin ist mit der Sängerin Vicky Leandros verheiratet. Auf dem Gutsgelände arbeitet einer der ganz wenigen Schuhmacher, die sich auf die Anfertigung von Maßschuhen spezialisiert haben.

Fagottkontor
Johannes Wahrig
Auf dem Gut 4a, 21493 Basthorst
Telefon 0 41 59 / 13 72
Telefax 0 41 59 / 82 53 82
E-Mail kontakt@fagottkontor.de
www.fagottkontor.de

Klemann Shoes
Benjamin Kleemann
Auf dem Gut, 21493 Basthorst
Telefon und Telefax 0 41 59 / 12 03
E-Mail: klemannshoes@t-online.de
www.klemann-shoes.com

Textildesign
Heyke Manthey
Auf dem Gut 5, 21493 Basthorst
Telefon 0 41 59 / 4 65

Auf in die Blaubeeren!

Ganz im Süden des Kreises, kurz vor dem Elbstädtchen Lauenburg, kultiviert eine Familie seit einigen Jahren in Schnakenbek ganz besondere Früchte – tiefblaue Heidelbeeren. Als wir Ende Mai drehen, ist die Blüte gerade vorbei, doch zu tun gibt es bei den relativ anspruchslosen Sträuchern trotzdem etwas: Heike soll Christian Pehmöller gleich bei der Unkrautbekämpfung helfen. Sie arbeiten nicht mit der chemischen Keule, sondern von Hand zupfen die beiden in den langen Reihen die vielfältigen Wildkräuter aus dem Boden. »Wir wollen so wenig wie möglich Chemie einsetzen«, betont Christian Pehmöller, der den Hof gemeinsam mit seiner Frau und den Eltern bewirtschaftet. »Wir haben damit so vor zehn Jahren angefangen, kauften damals ganz kleine Heidelbeer-Stecklinge – fünf Jahre später hatten wir dann unsere erste Ernte. Und seitdem steigert sich das jedes Jahr – die Pflanzen wachsen ja zum Glück.« Heidelbeeren sind langsam wachsende und sehr langlebige Pflanzen. Noch sind die Heidelbeersträucher bei den Pehmöllers gerade hüfthoch – ausgewachsen können die Kulturheidelbeeren bis zu zwei Meter hoch werden. Da sie Heidekrautgewächse sind, gedeihen sie am besten auf sehr leichten, sauren und nährstoffarmen Sand-, Heide- oder Moorböden. »Aber sie machen viel Arbeit«, erzählt Christian Pehmöller, »das haben wir anfangs unterschätzt.« Allerdings bereut er die Entscheidung, neben der normalen Landwirtschaft auch noch Heidelbeeren zu kultivieren, nicht. »Wir suchten damals eine Alternative, um uns etwas unabhängiger von der Agrarpolitik zu machen, das trägt jetzt langsam erste Früchte.«

Während Heike fleißig Unkraut jätet und viele Fragen stellt, bekommt sie langsam Appetit, auf die Pehmöl-

Pehmöller & Sohn und ihr Hofladen …

Rezept:

Quark-Sahne-Torte mit Heidelbeeren

Mürbeteig
200 g Mehl, 1 Messerspitze Backpulver, 1 Eigelb,
75 g Zucker, 1 Päckchen Vanillezucker, 125 g Butter

Alle Zutaten miteinander verrühren und bei 180 °C circa 15 Minuten backen.

Belag
8 Blatt Gelatine, 2 El Heidelbeersaft, 2 Eier,
Schale und Saft einer unbehandelten Zitrone, 150 g Zucker,
1 Päckchen Vanille-Zucker, 500 g Magerquark, 1 Becher Heidelbeerjoghurt,
400 bis 500 g Heidelbeeren, 250 g Schlagsahne

8 Blatt Gelatine einweichen und mit 2 El Heidelbeersaft auflösen. 2 Eier, geriebene Schale einer unbehandelten Zitrone, 150 g Zucker, 1 Päckchen Vanille-Zucker miteinander verrühren, schaumig schlagen dabei den Saft einer Zitrone und schließlich die aufgelöste Gelatine nacheinander hinzufügen. Schließlich 500 g Magerquark und ein Heidelbeerjoghurt unterrühren. 400 bis 500 g Heidelbeeren (frisch oder auch tiefgefroren) unterheben und gegebenenfalls alles zusammen eine Weile in den Kühlschrank stellen. Anschließend 250 g Schlagsahne steif schlagen und vorsichtig unter die erstarrende Masse ziehen.
Dann einen Ring auf den Mürbeteigboden stellen und die erstarrende Masse auf den Tortenboden geben und glatt ziehen. Danach die Torte einige Stunden im Kühlschrank erstarren lassen.

Guten Appetit!

lerschen Heidelbeeren. Die Ernte ist aber erst in ca. sechs Wochen, genau dann soll allerdings diese »Landpartie« schon auf Sendung sein. Zum Glück hat Christian Pehmüllers Mutter noch einige Heidelbeeren in ihrer Tiefkühltruhe, um eine leckere Torte für uns zuzubereiten. Geschmacklich und äußerlich, versichert sie, seien diese tiefgefrorenen Früchte von frischen kaum zu unterscheiden, was bei aufgetauten Erdbeeren oder Himbeeren ja nicht der Fall sei. Den Mürbeteigboden hat Uta Pehmöller schon vorgebacken, jetzt belegt sie ihn mit Heidelbeeren und einem Quark-Sahne-Belag. Während die Torte im Kühlschrank ruht, nutzt Heike die Zeit und wirft einen Blick in in den liebevoll eingerichteten Hofladen. Heidelbeersaft,

… in dem Uta Pehmöller auch diesen leckeren Blaubeerkuchen verkauft.

-gelee, Marmelade, Wein und vieles mehr, was mit diesen leckeren Beeren zu tun hat. Natürlich hat Uta Pehmöller viele verführerisch aussehender Heidelbeerkuchen und -torten vorbereitet, von denen wir probieren dürfen. Wer selbst auf den Geschmack kommen will, sollte entweder zur Saison nach Schnakenbek fahren oder das Rezept selber ausprobieren!

Blaubeerhof Pehmöller
Christian Pehmöller
Krüzener Weg 1
21481 Schnakenbek
Telefon 0 41 53 / 23 02
Telefax 0 41 53 / 8 18 84
www.heidelbeerhof.de

Produzent von frischen Blau- bzw. Heidelbeeren. Verkauf mit Saisonbeginn ab Mitte Juli bis September. Gemütlicher Hofladen mit diversen Blaubeerprodukten wie Marmelade, Säften, Wein etc., täglich geöffnet von 8.00–20.00 Uhr, Mittagspause 13.30–15.00 Uhr.

Friedrichsruh – Besuch bei Bismarck

Fast vor den Toren Hamburgs liegt der Sachsenwald, Schleswig-Holsteins größtes geschlossenes Waldgebiet. Forststraßen, Schneisen, und 165 Kilometer Waldwege können per Fahrrad oder zu Fuß erkundet werden. 60 Kilometer sind ausgewiesene Reitwege. Heike nähert sich dem Stammsitz derer von Bismarck in Friedrichsruh allerdings auf dem Fahrrad und hat genügend Zeit, vor der Kamera ein wenig zum Sachsenwald zu erzählen.

1871 übereignete Kaiser Wilhelm I. den Sachsenwald dem Fürsten Otto von Bismarck – als Anerkennung und Dank für seine Verdienste bei der Gründung des Deutschen Reiches. Heute noch bewirtschaftet die Familie von Bismarck den Sachsenwald, setzt die naturnahe Bewirtschaftung fort, die in diesem Privatwald schon seit Jahrhunderten praktiziert wird.

In Friedrichsruh liegt der Gründer des Deutschen Reiches auch begraben, das Bismarck-Mausoleum ist ein beliebtes Ausflugsziel. Im historischen Bahnhof ist seit 2000 die bundeseigene Otto-von-Bismarck-Stiftung untergebracht, die regelmäßig Ausstellungen veranstaltet. Auch das Bismarck-Museum lockt interessierte Besucher.

Aber unser Ziel ist Deutschlands erster Schmetterlingsgarten, den die heutige Fürstin Elisabeth von Bismarck begründet hat. Michael Borsch ist unser »Mr. Butterfly«, er beschäftigt sich seit frühester Jugend mit Schmetterlingen und ist seit Jahren schon für das Wohlergehen der Schmetterlinge verantwortlich. Nur ein paar Schritte durch eine kleine Klimaschleuse in den überdachten »Garten der Schmetterlinge« – schon sind wir im tropischen Mittelamerika, zumindest klimatisch: Es herrschen knapp 30 °C und eine sehr hohe Luftfeuchtigkeit. Ideale Bedingungen für tropische Schmetterlinge. Wie jeden Morgen öffnet Michael Borsch als erstes einige Glaskästen in dem großen tropischen Gewächshaus und die bunten Falter flattern uns entgegen. »Morgens schlüpfen die meisten Tagfalter«, erkärt er, während sich gleich einer auf seine Hand setzt. »Das hier ist ein Passionsblumenfalter, der ist normalerweise in Mittel- und Südamerika zu Hause. Diese Art können wir hier sogar selbst züchten, weil wir die entsprechenden Futterpflanzen haben.« Heike darf mithelfen, neue, so genannte »Puppen« vorsichtig im Schaukasten aufzuhängen. »Die sehen ja eher wie modische Ohranhänger aus!«, staunt sie. Tatsächlich würden sich die grün- oder sogar goldfarben schimmernden kleinen Schmetterlingspuppen in den Auslagen eines Juweliers gut machen. »Das ist ›Titorea Harmonia‹, erklärt Michael Borsch, »die meisten Arten werden leider nur mit lateinischen Namen bedacht, weil man sich angesichts von über 150.000 Arten keine deutschen Namen ausdenken kann. Das wäre schon sehr mühevoll.«

Um einen der vielen Schmetterlinge mal genauer ansehen zu können, bestreicht Heike einen Finger mit gemuster Banane. Der Trick funktioniert: Als Michael Borsch ihr einen ›Bananenfalter‹ auf den Finger setzt, bleibt der fast 10 Zentimeter große Schmetterling tatsächlich sitzen. Besonders das große ›Auge‹ auf seinen zusammengeklappten Flügeln fasziniert. »Das soll die Fressfeinde abhalten. Die Zeichnung ähnelt dem Auge einer Eule, vor der fast alle Fressfeinde des Bananenfalters Angst haben«, erklärt Michael Borsch die kuriose Tarnung. »Das ist übrigens auch eine Art, die wir hier selbst nachzüchten können. Wir haben hier sogar Bananenstauden.« Mit geübten Blicken findet der Schmetterlingsexperte auf den großen Bananenblättern erschreckend große und etwas Ekel erregend fette Raupen, die in Windeseile das Blatt zerraspeln und auffressen. Er setzt die über 10 Zentimeter lange Raupe auf seinen Handrücken. Das »Ungetüm« trägt auf seinem Rücken etliche sehr scharf aussehende Dornen. »Das sind nur weiche Hautlappen,« beruhigt uns Michael Borsch, »auch die sollen etwaige Fressfeinde abhalten. Fassen Sie mal an!« Heike kennt kein Zaudern und ist doch überrascht, wie weich sich diese Riesen-

Aus jeder Raupe wird einmal ein schöner Schmetterling. Das gilt auch für den Bananenfalter, den Michael Borsch hier in Raupe und Endversion präsentiert.

raupe anfühlt. »Die ist jetzt fast erwachsen«, fährt Michael Brosche fort, »in ein oder zwei Tagen wird sie sich verpuppen und entwickelt sich später zu einem wunderschönen Falter, wie Sie ihn noch auf dem Finger haben. Gucken Sie mal hier.« Unter dem Bananenblatt hängt ein welkes, vertrocknetes Blatt. »So gut getarnt kann sich darin jetzt in Ruhe die Raupe zu einem Schmetterling entwickeln – alles eine Sache der Tarnung.«

Natürlich gibt es noch viel mehr im »Garten der Schmetterlinge« zu sehen: Koi-Karpfen beispielsweise, Zwergwachteln, das Chamäleon »Hube« und nebenan den »Singenden Wassergarten« nach asiatischen

Vorbildern. Aber es ist wieder das alte Problem – die Sendezeit ist trotz anderthalb Stunden mal wieder zu kurz. Es gilt für diese wie für eigentlich alle Landpartien – die Sendung ist zwangsläufig unvollständig und eher ein Appell, sich selbst in den jeweiligen Regionen ein Bild zu machen.

Garten der Schmetterlinge
Fürstl. v. Bismarck'sche Schloßgärtnerei
Am Schloßteich
21521 Friedrichsruh b. Hamburg
Telefon 0 41 04 / 75 15 / 60 37
Telefax 0 41 04 / 96 08 78
E-Mail:
garten.der.schmetterlinge@t-online.de

Einer der ältesten und schönsten Schmetterlingsgärten Deutschlands. Der »Garten der Schmetterlinge« ist vom 20. März bis Ende Oktober täglich von 9.00–18.00 Uhr geöffnet. Der Eintritt kostet pro Person EUR 4,50, Kinder 3,00. Für Gruppen gibt's Sonderkonditionen.

Bismarck-Museum
Am Museum 2
21521 Friedrichsruh
Telefon 0 41 04 / 24 19
Telefax 0 41 04 / 96 03 27
Das »Alte Landhaus« in Friedrichsruh erinnert an den Reichskanzler und sein politisches Wirken. Auch das originale Mobiliar aus dem Arbeitszimmer ist in seiner ursprünglichen Zusammenstellung zu sehen.
Öffnungszeiten April bis Oktober, Di–So von 10.00–18.00 Uhr;
November bis März, Mittwochs, Samstags und Sonntags von 10.00–16.00 Uhr und nach Vereinbarung.

Otto-von-Bismarck-Stiftung
Am Bahnhof 2
21521 Friedrichsruh
Telefon 0 41 04 / 97 71-0
Telefax 0 41 04 / 97 71-14
E-Mail: info@bismarck-stiftung.de
www.bismarck-stiftung.de
Öffungszeiten:

Dauerausstellung »Otto von Bismarck und seine Zeit«. März bis Oktober, Di–So 10.00–18.00 Uhr, November bis Februar 10.00–17.00 Uhr.
Der Eintritt ist frei.

Neben der Dauerausstellung »Otto von Bismarck und seine Zeit« soll die Stiftung ein »Zentrum der wissenschaftlichen Forschung« und der historisch-politischen Bildung« sein und beherbergt ein umfangreiches Archivsamt Bibliothek.

Bismarck-Mausoleum
Am Museum 1
21521 Friedrichsruh
Telefon und Telefax 0 41 01 / 58 50
Öffnungszeiten (April bis Oktober)
Di–So von 10.00–18.00 Uhr, November bis März 10.00–16.00 Uhr und nach Vereinbarung
www.sachsenwald.de

Die 1899 im romanischen Stil errichtete Kapelle liegt auf einer Anhöhe, dem so genannten Schneckenberg, mitten im Sachsenwald. Hier liegen der Reichskanzler Otto Fürst von Bismarck und seine Frau begraben. Heute kann man die unter Denkmalschutz stehende Kapelle für private Feiern wie Hochzeiten, Taufen, Konfirmationen mieten.

Unsere Kurztipps

Lauenburgische Seenplatte

Wasser und Wald sind die prägenden Elemente des **Herzogtums Lauenburg** – ideale Bedingungen für einen naturnahen und erlebnisreichen (Kurz-)Urlaub. Man kann sich den Kreis auf dem Fahrrad erschließen, hoch zu Ross auf vielen Reitwegen entdecken oder sogar auf den vielfältigen Wasserwegen mit dem Kanu oder Passagierschiff durchqueren. Und natürlich lassen sich alle großen und kleinen Attraktionen der Region auf kurzen Wegen mit dem Auto erreichen.

Von Norden her

Ausgehend von **Lübeck** lässt sich die Kreisstadt **Ratzeburg** auf dem wohl romantischsten Wege erreichen: Per Fahrgastschiff über das kleine Flüsschen Wakenitz. Der von einigen Naturromantikern als »Amazonas des Nordens« vielleicht etwas übertrieben verklärte Fluss mit einer Breite von gerade mal 20 Metern verbindet den Ratzeburger See mit der Trave, die schließlich in die Ostsee mündet. Das Ostufer der **Wakenitz** ist heute die Landesgrenze zu Mecklenburg, war aber mal ehemalige DDR-Grenze – weshalb sich in den vergangenen Jahrzehnten dort ein Refugium seltener Pflanzen und geschützter Tiere entwickelt hat. Und vom Kanu aus träumt man sich tatsächlich schnell in die Rolle eines Amazonas-Indianers. Am **Fährhaus Rothenhusen** lässt es sich wunderbar in dem historischen Fährhaus von 1583, direkt an der Mündung zum Ratzeburger See hin, verschnaufen. Gastwirt Piero Basteri serviert seinen Gästen sowohl solide deutsche Hausmannskost als auch hervorragende italienische Gerichte, mit denen er vor allem außerhalb der Saison weit und breit keine Konkurrenz zu scheuen braucht. Auch die selbst gebackenen Kuchen nach den Rezepten seiner deutschen Schwiegergroßmutter zum Kaffeetisch sind berühmt.

Für die Wakenitz-Schiffahrt-Passagiere heißt es in Rothenhusen umsteigen auf die Linien der »Schiffahrt Ratzeburger See«. In der Saison geht es im Stundentakt weiter zu dem idyllischen Inselstädtchen, das über drei künstlich aufgeschüttete Dämme mit dem Festland verbunden ist. Gleich an der Schlosswiese liegen dann auch einige unserer Landpartie-Stationen wie die Seefischerei Jobmann, der Kanu- und Fahrradverleih oder die kleine Töpferei Elberding, die für ihr schönes Geschirr seit langem berühmt ist. Nicht zu vergessen der legendäre »Eispavillion Pelz«, vor dem bei Sonnenschein die Kunden in langen Schlangen geduldig auf ihr Eis warten – es lohnt sich! Aber auch in der »Eisvitrine« am Königsdamm lässt sich Eis genießen und im nah gelegenen **Bäk** wartet »Alpina-Eis« mit einer Vielzahl amerikanischer Eissorten auf. Die Schlosswiese mit der seit

Segler und Fischer mögen den Ratzeburger See.

Gastwirt Piero Basteri vom Fährhaus Rothenhusen.

Kaisers Zeiten unrenovierten, aber immer noch charmanten städtischen Seebadeanstalt ist Veranstaltungsort vielfältiger Aktivitäten – vom Töpfermarkt bis hin zum »Racesburg Wylag«, wenn im Sommer eine Woche lang das Mittelalter mit vielen Buden und Spielen wieder aufersteht.

Auf der gegenüberliegenden Seite des »Lüneburger Damms« liegt das beste Haus am Platze, das Hotel »Der Seehof«. Von der dortigen Kaffeeterrasse aus könnte man direkt in den »Küchensee« springen oder auch einfach nur den schönen Blick auf die traditionsreiche Strecke der »Internationalen Ruderregatta« genießen, die der erfolgsverwöhnte Ratzeburger Ruderclub alljährlich im Juni ausrichtet. Am Südzipfel des Küchensees, erreichbar u. a. über einen idyllischen Rad- und Wanderweg durch den Wald, immer am See entlang, liegt die »**Farchauer Mühle**«, eine ehemalige Wassermühle mit Restaurant, Kaffeeterrasse und Hotelzimmern.

In der Ruderakademie, Bundesleistungszentrum für den Rudersport, werden heute noch Deutschlands beste Ruderer trainiert. Gleich dahinter liegt der malerische Ratzeburger Dom, der älteste romanische Backsteindom Norddeutschlands. Er ist auch Veranstaltungsort der »Ratzeburger Dommusiken«, einer kleinen aber feinen Konzertreihe, in der sich den Sommer über bekannte und unbekannte Musiker präsentieren. Auf der Domhalbinsel liegt auch das Kreismuseum, das u. a. ein Faksimilie des Evangeliars Heinrichs des Löwen beherbergt. Gleich nebenan liegt das **A.-Paul-Weber-Museum** mit den Werken des bekannten Grafikers. Das **Ernst-Barlach-Haus** zeigt eine kleine Auswahl der Plastiken des Künstlers, der in diesem Haus einen Teil seiner Jugend verbrachte und der in Ratzeburg auch begraben ist.

Ratzeburg-Information
Schlosswiese 7, 23909 Ratzeburg
Telefon 0 45 41 / 85 85 65
Telefax 0 45 41 / 53 27
E-Mail: Info@Ratzeburg.de
www.Ratzeburg.de

Fährhaus Rothenhusen
Piero Basteri
23627 Groß Grönau, OT Rothenhusen
Telefon 0 45 09 / 80 59

Schiffahrt Ratzeburger See
Schlosswiese 6, 23909 Ratzeburg
Telefon 0 45 41 / 79 00
E-Mail:
Schiffahrt-ratzeburg@t-online.de
www.wir-in-ratzeburg.de/schiffahrt

Wakenitz Schiffahrt Quandt
Wakenitzufer 1c, 23564 Lübeck
Telefon 04 51 / 79 38 85
Telefax 04 51 / 7 07 44 56
www.wakenitz-schiffahrt-quandt.de

Von Süden her

Der Reichtum kam aus **Lüneburg**, wo vor über 1.000 Jahren die Förderung von Salz, dem »weißen Gold des Mittelalters«, begann. Auf abenteuerlichen Wegen, später dann auch

© Ingo Wandmacher

Sportboote und Frachtschiffe tummeln sich gleichermaßen auf dem Elbe-Lübeck-Kanal.

über den **Stecknitzkanal**, den ältesten Wasserscheidenkanal Europas, gelangte das Salz quer durch den Kreis Herzogtum Lauenburg nach Lübeck, das sich durch den Salzhandel zur zeitweilig mächtigsten Handelsmetropole Nordeuropas entwickelte. Geblieben ist in der Region von dem ungeheuren Reichtum wenig, die Relikte davon sind deshalb um so beeindruckender. Die Reste des historischen Stecknitzkanals mit seinen mittelalterlichen Schleusen sind heute noch zu besichtigen. Auf dem modernen Nachfolger, dem **Elbe-Lübeck-Kanal** verkehren, neben Frachtkähnen, von Lauenburg ausgehend Passagierschiffe, auf denen man den einstmals so beschwerlichen Weg des Lüneburger Salzes bequem nachvollziehen kann – zumindest bis nach Mölln.

Und wer nachempfinden will, wie es auf einem mittelalterlichen »Salzprahm« zuging, der kann in einen originalgetreuen Nachbau einsteigen. Gruppen mit bis zu 25 Personen dürfen mitkommen, Infos gibt es beim Lauenburger Veranstaltungs- & Gästeservice »De Open Door«. Dort erfahren Sie auch die wechselnden Abfahrtzeiten und -orte des Raddampfers »Kaiser Wilhelm« auf seinen Elbtouren. Das Schiff ist der letzte kohlebefeuerte Raddampfer Deutschlands, stammt aus dem Jahre 1900 und ist von Mai bis September unterwegs.

Der Süden des Kreises ist natürlich durch die Elbe geprägt, nur in **Lauenburg** und Geesthacht geht's via Brücken über den Fluss. In Lauenburg lohnt sich, neben einem Gang durch die verwinkelten Gassen der Schifferstadt, vor allem der Besuch des einzigartigen Elbschiffahrtsmuseum. Dort wird die uralte Verbindung von Elbe und Stadt sichtbar, als der Fluss noch wichtigste Lebensader für ein Gebiet, das bis Prag reichte, war.

Geesthacht, die »Stadt am Strom«, ist mit rund 30.000 Einwohnern die größte im Kreis. Regelmäßige Floh- und Fischmärkte locken Tausende Besucher an. Als originellste Attraktion gilt die Dampfeisen-

© Ingo Wandmacher

Die Fürst Bismarck-Mühle ist ein beliebtes Ausflugsziel.

bahn »Karoline«, die an mehreren Wochenenden zwischen Geesthacht und Bergedorf verkehrt. Und wem im Sommer die lauenburgischen Seen zu kühl oder zu still sein sollten, dem kann im beheizten Geesthachter Freizeitbad geholfen werden. Herrliche Liegewiesen, Sprunganlage und eine 70 Meter lange Wasserrutsche bieten viel Spaß.

Beidseitig der Elbe verläuft neuerdings auch der insgesamt 1.000 Kilometer lange »**Elbe-Radweg**« von Cuxhaven bis Prag. Der Weg ist gut ausgeschildert und das kostenlose Faltblatt für die Etappe Cuxhaven-Wittenberge (360 km) ist gespickt mit guten Hoteltipps und Informationen. Auch entlang der »Alten Salzstraße« gibt es ausgebaute Radwege. Wer will, kann auch die komplette 4-Tage-Tour über 127 Kilometer von Lüneburg bis Lübeck inklusive der Übernachtungen als Pauschalpaket buchen – auf Wunsch sogar mit Gepäcktransport. Über solche und andere, vielversprechende Radtouren und Wanderungen, wie die »Seen-Radtour« oder »Auf Bismarcks Spuren« informiert gern und umfassend die HLMS, die »Herzogtum Lauenburg Marketing & Service GmbH« in Ratzeburg.

© Ingo Wandmacher

Mölln ist eine mittelalterlich geprägte Kleinstadt.

»Herzogtum Lauenburg Marketing & Service GmbH« (HLMS)
Junkernstraße 7, 23909 Ratzeburg
Telefon 0 45 41 / 8 02 11-0
Telefax 0 45 41 / 8 02 11-12
E-Mail: info@hlms.de
www.hlms.de.

Reederei Peter Helle
Amselweg 5, 21379 Scharnebeck
Telefon 0 41 36 / 4 03
Telefax 0 41 36 / 72 30
E-Mail: info@reederei-helle.de
www.reederei-helle.de

Veranstaltungs- & Gästeservice »De Open Door«
Elbstraße 91, 21481 Lauenburg/Elbe
Telefon 0 41 53 / 52 02 67
E-Mail deopendoor@t-online.de
www.lauenburg.de

Im Zentrum

des Kreises liegt die mittelalterlich geprägte Kleinstadt **Mölln**, die auch durch die Streiche des mittelalterlichen Schalks Till Eulenspiegel, der in Mölln begraben liegt, berühmt geworden ist. Heute noch erinnern – alle drei Jahre im August – die Eulenspiegel-Festspiele an die Streiche des ehemaligen Mitbürgers (www.eulenspiegelfestspiele.com).

Auch sonst kann einem der bereits 1350 verstorbene Till Eulenspiegel leibhaftig begegnen – die Kurverwaltung hält so einen Schalk heute noch für unverzichtbar und hat einen modernen Till im historischen Kostüm engagiert.

Trotz der gut erhaltenen mittelalterlichen Struktur ist Mölln eine moderne Kleinstadt, in der sich Beschaulichkeit mit dem Charme einer großen Gastlichkeit verbindet. Etliche Cafés und Restaurants und viele attraktive Geschäfte ziehen Einheimische und Feriengäste in die historische Altstadt. Mölln bietet malerische Motive, wir haben beispielsweise die Schlusseinstellung unserer Landpartie mit der Abendstimmung und der Nicolai-Kirche im Hintergrund am Bootssteg des Hotels »Schwanenhof« gedreht, das jüngst sogar eine Plakette für seinen besonderen Service für Fahrradtouristen verliehen bekam. Ganz nebenbei ist Mölln auch ein »staatlich anerkannter Kneippkurort« mit entsprechenden Angeboten.

Die für den ganzen Kreis zuständige HLMS hat detaillierte Informationen und Adresslisten zu nahezu allen Aspekten des Tourismus im Kreis vorbereitet: Von A wie Angelsport (Liste der Gewässer mit Fischarten und jeweiligen Ansprechpartnern) über Campingplätze, Fahrradverleiher, Reiterhöfe, die teilweise auch Wanderreitern Quartier bieten, bis hin zu »U« wie »Urlaub auf dem Bauernhof«.

In **Schmilau** beispielsweise, gleich neben dem Erdbeerhof Bockhop gelegen, bietet der »Reiterhof zum Hochtinn« der Familie Klesczewski komplette Reiterferien nicht nur für Mädchen an. Neben einer neuen

© Ingo Wandmacher

Der Schalk Till Eulenspiegel war einst in Mölln zu Hause.

Reithalle, hält der Hof auch moderne Boxen für Wanderreiter bereit. Dort sind natürlich auch längerfristige Einsteller hochwillkommen, die nicht nur die neu angelegten Außenreitplätze nutzen, sondern von Schmilau aus zu umfangreichen Rundritten durch die lauenburgische Natur starten können. Ob Reiterhöfe, Bauernhofcafés oder kleine Dorfläden mit Wild- oder Räucherfischangeboten – wer mit offenen Augen durch die Region fährt, kann vieles entdecken, was längst noch nicht offiziell gelistet ist. So langsam kommt der so genannte »sanfte Tourismus« in der Region zum Tragen.

Kurverwaltung Mölln
Hindenburgstraße
Postfach 1329, 23879 Mölln/Lauenburg
Telefon 0 45 42 / 70 90 und 70 99
Telefax 0 45 42 / 8 86 56
E-Mail: ferien@moelln.de
www.moelln.de
www.eulenspiegelfestspiele.com

Familie Klesczewski
Möllner Straße 2, 23911 Schmilau
Telefon 0 45 41 / 8 22 07
Telefax 0 45 41 / 8 46 36
www.reiten.de/Reiterhof-Hochtinn

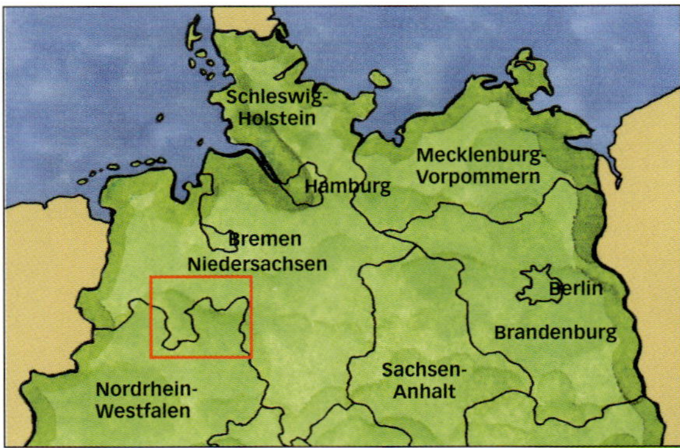
Schleswig-
Holstein
Hamburg
Mecklenburg-
Vorpommern
Bremen
Niedersachsen
Berlin
Brandenburg
Sachsen-
Anhalt
Nordrhein-
Westfalen

68
Bramsche
Wallen-
horst
1
Osnabrück
30
Has-
bergen
Georgs-
marien-
hütte
Hagen a.T.W.
1
51

Osnabrücker Land

Verborgene Kostbarkeiten

Verborgene Kostbarkeiten

Von altem Handwerk und modernen Produktionen

von Achim Tacke

Herbert ist ein Freund, ein guter Freund. Er ist Lehrer in Hamburg, wurde aber in Hagen am Teutoburger Wald geboren und fragt mich eines Tages, ob ich nicht Lust hätte, ihn für ein Wochenende in seinen Heimatort zu begleiten. Klar habe ich! Einen Tag später sitzen wir also im Auto und fahren Richtung Osnabrück. Ich will von Herbert wissen, welche Bedeutung Hagen für ihn noch hat, wo er doch schon seit Jahren in Hamburg lebt. Ganz spontan antwortet er: »Es ist meine Heimat!«

Herbert – gab den Anstoß zur Landpartie im Osnabrücker Land.

Dann schweigt er eine ganze Weile, was eher untypisch für ihn ist. Augenscheinlich lässt er mal eben Kindheit und Jugendzeit in Hagen Revue passiern. »Es war eine gute Zeit!« sagt er schließlich nachdrücklich. »Ich hatte wirkliche Freunde – und die habe ich auch noch!« Einige werde ich in Kürze kennen lernen.

Der erste Eindruck von Hagen: einladend, aber den dörflichen Charakter suche ich vergebens. Statt dampfender Misthaufen gibt es ein kleines Einkaufszentrum, statt gackernder Hühner locken Supermärkte und eine Videothek. Trotzdem hat sich Hagen seinen Charme bewahrt. Spätestens bei »Blüsen«, einer richtigen Dorfkneipe, ist mir, als würde ich das Wohnzimmer guter Freunde betreten. Dank Herbert bin ich gleich mittendrin. Wir plaudern, lachen und trinken: Die Reiter, unter ihnen Rolf, der zugereiste Jung' aus Düsseldorf, ein Hufschmied und ein Arzt. Wir essen hausgemachte Frikadellen und am nächsten Tag werde ich auf der Straße bereits des öfteren mit »Hallo, Achim« begrüßt.

Herbert und ich absolvieren unser »in Hagen, um Hagen und um Hagen herum«-Programm. Wir spazieren durch die Wälder, wandern unter Kirschbäumen, für die Hagen weithin bekannt ist, und plaudern mit den Einwohnern. Hagen und die Menschen wachsen mir ans Herz, zumal Herbert mir Türen öffnet, die sonst wohl verschlossen geblieben wären.

◀ *Edle Kunst steht im Schlosspark zu Ippenburg.*

Hagen wie es um 1900 war – eine Postkarte aus der Fotokiste, Lithografie nach einem Originalfoto.

Und nun will ich wieder nach Hagen am Teutoburger Wald zurück – mit meinem Freund Herbert natürlich.

»Wenn Du die Recherchen in die Ferien verlegen kannst, komme ich mit!« Herbert streicht sich über seinen Bart und erwartet eine Antwort – eine positive natürlich. Insgeheim habe ich darauf gehofft, dass Herbert mir ein solches Angebot macht. Für mich ist es kein Problem, die Recherchetour um vier Tage zu verlegen. Schließlich weiß ich, dass ich von den vielen Kontakten, die Herbert hat, nur profitieren kann. Trotzdem fahre ich auch zur Landwirtschaftskammer in Osnabrück, einer guten Adresse für die Landpartie. Dort höre ich zum ersten Mal von Anne Krüger, einer Schäferin, die in der Nähe von Melle Zuhause ist.

Schäferin – selbstständig und unabhängig

Schon von der Straße aus sehen wir den gerade frisch restaurierten Fachwerkhof. Auf den Weiden ringsum grasen Schafe und Rinder. Gleich neben der Einfahrt stehen Pferde auf einer Koppel. Es ist, als sei hier die Zeit vor 30 Jahren stehen geblieben. Zwei Hunde stürmen zur Begrüßung auf uns zu – ein Border-Collie und ein Border-Terrier – schnuppern kurz, befinden uns als nicht gefährlich und ziehen friedlich von dannen. Herbert und ich finden keine Klingel, also rufen wir. Im im ersten Stock öffnet sich ein Fenster, eine junge Frau winkt uns heran: »Kommen Sie herein.«

Wir betreten die großzügige Diele. Sehen an der Fensterseite eine abgetrennte Welpenbucht.

Sechs kleine Border-Collies und die Hündin zähle ich und will gleich darauf zu, als mich eine Stimme warnt: »An ihrer Stelle würde ich etwas vorsichtig sein, die Hündin ist eine verdammt gute Mutter!« Die Frau vom Fenster kommt die Treppe mit einem gewinnenden Lächeln herunter und streckt uns ihre Hand entgegen. Es gibt nicht oft Menschen, bei denen ich auf Anhieb weiß, dass sie ein »Highlight« in der Landpartie werden: Anne Krüger, die Schäferin von Melle, gehört dazu. Bei einer heißen Tasse Kaffee besprechen wir, was wir aufnehmen können. Mich hält es aber nicht lange in dem gemütlichen Wohnzimmer, ich will die Tiere sehen und so schreiten wir zur Hofbegehung mit tierischen Kontakten. Es ist eine Freude, wie Anne Krüger mit ihren Tieren umgeht. Kein lautes Wort, kein Stress, kein grimmiges Gesicht, wenn einmal etwas nicht so läuft, wie es erdacht wurde. Selbst Herbert, der mit Tieren nicht sehr viel am Hut hat, ist zutiefst beeindruckt. Wir verabreden den Drehtermin – und sind eine Woche später wieder da. Heike ist sofort in die kleinen Welpen verliebt. Sie knuddelt einen der kleinen Border-Collies auf dem Sofa.

»Der ist aber auch süß!« und alle im Team nicken. Anne Krüger bringt dann etwas Vernunft in die Hunderomantik. »Border-Colliewelpen sind süß wie alle Welpen, aber die Kleinen werden auch größer. Leider sind diese Tiere in den letzten Jahren zu Modehunden geworden. In meinen Augen ist das unverantwortlich. Der Border-Collie gehört sicherlich zu den intelligentesten Hunderassen. Er braucht Beschäftigung, nein, er braucht Arbeit – viel Arbeit!«

Heike meint, dass das unbedingt auch in die Kamera gesagt hört. Wir machen uns also drehfertig und beginnen mit dem kleinen Hund, während Anne Krüger etwas über die Rasse erzählt. Dann wechseln wir zu einer Schafweide, um zu zeigen, wie Anne Krüger mit den Tieren arbeitet. Es ist ein Arbeitsschauspiel, das uns alle in seinen Bann zieht. Voll konzentriert und am ganzen Körper angespannt, hocken zwei Collies neben Anne Krüger und warten auf

Bei Schäferin Anne Krüger hören auch Schweine aufs Wort.

ihr Signal. Die Schafe haben sich in eine weite Senke am Waldesrand zurückgezogen und sind so von uns nicht zu sehen. In einem weichen englischen Singsang richtet Anne die Hunde aus. Endlich können sie rennen und das machen, was sie am liebsten tun – Schafe treiben. »Sie sind seit Jahrhunderten auf diese Arbeit hin gezüchtet worden. Wenn sie keine Arbeit haben, drehen sie mit der Zeit durch. Ich habe schon Border-Collies gesehen, die aus purer Verzweiflung Wolken treiben wollten«, erzählt Anne Krüger. »Manche beginnen zu beißen oder die Wohnung auseinander zu nehmen. Ich habe eine Hündin, die eingeschläfert werden sollte, weil sie als unberechenbar galt. Sie ist heute mein bester Hund. Ich habe mit ihr schon einige Wettbewerbe gewonnen und bin ganz stolz auf die Hundedame.« Die Schafe tauchen auf, dicht gefolgt von den Hunden. Heike möchte wissen, warum Anne Krüger mit den Hunden englisch spricht.

Anne Krüger ist Schäferin, bildet Border-Collies aus und kann – auf Anfrage – auch besucht werden.

»Die Sprache ist weicher. Stell Dir vor, wenn ich 300 Mal am Tag ›Sitz‹ oder ›Platz‹ rufen müsste. Jeden Abend hätte ich eine belegte Stimme.« »Verstehen die Hunde die Worte?« will Heike wissen. »Nein«, sagt Anne Krüger. »Ich könnte auch ›Käsebrötchen‹ oder ›Erdbeerkuchen‹ sagen. Es ist wichtig, dass jeder Hund seine eigenen Signale hat, die nur er kennt.« Wie ein Dirigent leitet Anne ihre Hunde. Aber es sind nicht nur Hunde, mit denen Anne Krüger arbeitet.

Wir wechseln die Weide und lernen Punkel und seine Kumpane kennen. Punkel ist eine Rückzüchtung des deutschen Weideschweins. Mit den Schweinen, Hunden und Gänsen bietet Anne Krüger ein kleines, aber feines Zirkusprogramm an, das bei ihr auf Anfrage geordert werden kann. Dabei vollbringen die Tiere keine Kunststücke, sondern zeigen Verhaltensweisen, die Anne bei ihnen abrufen kann. So wirft sich Punkel, sobald er »gemütlich« hört, hin und lässt sich kraulen. Punkel ist Annes Lieblingsschwein – nur in die Wohnung darf er nicht. Als wir zusammen packen, bedauert jeder im Team, dass der Dreh schon vorbei ist. »Ihr wollt doch nicht schon fahren. Ich habe ein kleines Mittagessen vorbereitet!« Keiner widerspricht Anne. Wir setzen uns an einen langen Tisch in ihrem Garten. Endlich ist Zeit, die Fragen zu stellen, die wir bei den Dreharbeiten aus Zeitmangel nicht stellen konnten.

Sanni, unsere Maskenbildnerin und selber Hunde- und Pferdebesitzerin möchte von Anne wissen, wie sie auf die Idee gekommen ist, Schäferin zu werden. Anne setzt sich an den Tisch, genießt einen Moment die Sonne und trinkt einen Schluck Kaffee. »Zuerst wollte ich Tierärztin werden, habe dann aber festgestellt, dass es mir mehr Spaß macht, mit gesunden Tieren zu arbeiten. Hinzu kam, dass ich etwas machen wollte, bei dem ich unabhängig bleibe. Viel bleibt da nicht, wenn man mit Tieren arbeiten will.«

Dieter, unser Aufnahmeleiter, bringt einen großen Topf mit heißen Würstchen. Einige finden das etwas pietätlos gegenüber Punkel, aber Anne zerstreut die Bedenken. Sie isst auch Schweinefleisch, achtet aber darauf, dass die Tiere gut gehalten werden – das ist ihr durchaus einige Euro mehr wert.

Ich möchte wissen, wann sie festgestellt hat, dass sie so gut mit den Tieren umgehen kann.

»Ich hatte immer Tiere, und ich habe sie gern beobachtet. Es ist spannend zu sehen, wie sich Tiere verhalten. Gut, sie haben keine Sprache wie wir, aber sie haben Körpersprache. Ich glaube, dass wir bis heute noch sehr wenig über die vielen Kommunikationswege der Tiere wissen. Es sind ja oft sehr kleine Gesten und Reaktionen, die ihr Zusammenleben bestimmen.« Anne nimmt einen Schluck Kaffee und sagt dann mehr zu sich selbst: »Ein spannendes Gebiet!«

Es ist Zeit aufzubrechen und Abschied zu nehmen. Im Auto fragt mich Dieter, ob ich es nicht seltsam finde, dass jemand Schäferin wird. Dieselbe Frage hatte mir auch Herbert nach der Recherche gestellt. Ich finde nicht. Anne Krüger hat ihre Passion zum Beruf gemacht und geht voll und ganz darin auf. Wer kann das schon von sich behaupten?

Anne Krüger
Buerschestraße 132
49324 Melle
Telefon 0 54 22 / 4 51 41
Telefax 0 54 22 / 92 94 41
E-Mail: anne.krueger@die-schaeferin.de
www.die-schaeferin.de/adresse.htm

Borstenvieh und Schweinespeck

Von der Erzeugergemeinschaft Osnabrück hatte ich schon vor einigen Jahren gehört und auch einen Betrag für das NDR Wirtschaftsmagazin »Markt im Dritten« darüber realisiert. Um so neugieriger bin ich, als ich jetzt nach etlichen Jahren wieder dort vor der Tür stehe. Damals hatte ich Herrn Hüggelmeyer kennen gelernt, der maßgeblich an der Gründung der Erzeugergemeinschaft beteiligt war. Diesem agilen und umsichtigen Mann ist der Erfolg des Unternehmens zu verdanken. Heute leitet Rudolf Festtag genauso erfolgreich die Erzeugergemeinschaft. Von ihm bekomme ich die Adresse der Familie Schenke. Denn Uwe und Petra Schenke halten Zuchtsauen und mästen den Schweinenachwuchs, seit sie vor zwölf Jahren der Erzeugergemeinschaft beigetreten sind. Und jetzt kommt Heike mit dem Landpartieteam. Etwas nervös ist Familie Schenke schon, als wir mit unseren Autos bei ihnen vorfahren.

Heike nimmt ihnen die Angst, plaudert mit ihnen, während wir die Kameras fertig machen. Was gibt es zu tun? Uwe Schenke will noch einige Schweine füttern. Gut! Wir sind dabei. Heike schnappt sich einen Eimer mit Sägespänen, Uwe Schenke ist schon in der Schweinebucht und füttert frisches Gras.

»Nach BSE und MKS sind immer mehr Verbraucher, wie ich auch, verunsichert. Wo kommt das Fleisch her, wie wurden die Tiere gehalten und geschlachtet? Die Erzeugergemeinschaft Osnabrück hat sich bereits vor über 20 Jahren entschlossen, ein System aufzubauen, das viele Standards enthält, nach denen die Verbraucher heute fragen!« Heike steigt in die Schweinebucht und

Uwe Schenke füttert den Schweinenachwuchs.

möchte von Uwe Schenke wissen, welche Auflagen ein Tierhalter so erfüllen müssen. Die Liste ist lang und eindrucksvoll: Keine Antibiotika, keine Wachstumsförderer, strenge Futterkontrolle, jeder Landwirt der Erzeugergemeinschaft muss 5.000 Euro hinterlegen – für einen so genannten Sicherungsschein. »Wer sich daran nicht hält«, sagt Uwe Schenker, »fliegt raus. Da dabei 5000 Euro den Bach runtergehen, kommen Betrügereien so gut wie nie vor.« Und weiter geht's mit der Fütterung. Uwe Schenker schiebt Gras. »Das gehört zwar nicht zu den normalen Futtergaben, aber auch Schweine möchten ab und zu einen Leckerbissen. Wir essen ja auch nicht den ganzen Tag nur Kartoffeln.«

Heike darf Sägespäne streuen, damit der Boden trocken bleibt, hat aber noch Augen für eine Besonderheit für den Stall. Zu einer Seite ist er offen, an der hinteren Wand ist eine lange Bucht mit Gummimattenstreifen abgetrennt.

Uwe Schenker erklärt: »In diesem Stall kommen Jungsauen, die wir von einem anderen Betrieb bekommen haben. Es ist ein Eingewöhnungsstall. Jeder Hof hat bestimmte Keime und Erreger. Da wir keine Antibiotika einsetzen dürfen, sind wir darauf angewiesen, mit natürlichen Mitteln zu arbeiten. In diese Herde habe ich eine Sau aus meinem Betrieb gestellt und so kann sich ganz langsam das Immunsystem der neuen Säue auf meinen Hof übertragen. Die frische Luft sorgt darüber hinaus dafür, dass die Schweine sich abhärten.« Pfiffig, sagt Heike und möchte noch wissen, was es mit den Gummimatten auf sich hat.

»Das sind die Schlafbuchten der Schweine. Die Gummimatten sorgen dafür, dass die Wärme in der Bucht bleibt. Die Bucht wird übrigens nicht beheizt. Die Körperwärme der Tiere reicht völlig aus – selbst im harten Winter!«

Dass es den Schweinen gut geht, ist augenfällig. Etwas enttäuschter sind wir, als wir die Sauen, die Ferkel haben, im so genannten Einbinder sehen. Der Bewegungsraum ist doch sehr eingeschränkt. Uwe Schenke erklärt uns, dass sich das kaum vermeiden ließe, wenn man verhindern wolle, dass die Sauen sich aus Versehen auf ihre Ferkel legten und sie erdrückten. Die Verluste wären bei einer anderen Haltung zu groß.

(Dazu ein Wort an die Leser: Ich weiß, dass sich die Fachwelt seit Jahren über diesen Punkt streitet. Versuche in Freilandhaltung mit Geburtsbuchten haben gezeigt, dass die Verluste genauso gering sind wie im Einbinder. Das Problem ist nur, dass wir – auch wegen der immer wieder grassierenden Schweinepest – gar nicht so viele Sauen im Freiland halten können, um den Fleischbedarf zu decken. Deshalb verzeihen Sie bitte, wenn wir zu dieser Frage keinen eindeutigen Standpunkt beziehen.)

Was noch positiv zu der Erzeugergemeinschaft anzumerken ist: Die Schweine haben einen sehr kurzen Transportweg zum Schlachthof, der auch zur Erzeugergemeinschaft Osnabrück gehört. Dort haben wir uns auch verabredet – aber erst später.

EGO Erzeugergemeinschaft Osnabrück
EGO Erzeugergemeinschaft
für Schlachtvieh i. R. OS eG
Harderbergerweg 18
49124 Georgsmarienhütte
Telefon 0 54 01 / 82 00-0
Telefax 0 54 01 / 82 00-82
www.eichenhof.net

Ganz schön holzig

Alle, die wir treffen, scheinen in sich selbst zu ruhen. Sicherlich hat auch die Landschaft etwas damit zu tun. Wiesen, Äcker und Wälder bieten ein harmonisches Bild. Fahrradfahrer und Wanderer sind hier bestens aufgehoben. Die hügelige Landschaft bietet an jeder Ecke etwas Neues – zum Beispiel Holz. Wir haben uns mit Familie Bringschulte verabredet, die auch zur Erzeugergemeinschaft Osnabrück gehört, und bei der es

Hier kommt das Brennmaterial für den Ofen der Schule – Holz: garantiert umweltfreundlich.

nun um Holz gehen soll. Heike fährt auf dem Schlepper mit, der einen großen Schredder zieht. Wir schaukeln mit den Teamwagen hinterher.

Regen setzt ein. Der Waldboden wird immer weicher und unsere Autos haben alle Mühe, dem geländegängigen Schlepper zu folgen. Als wir endlich an eine Lichtung kommen, gießt es in Strömen. Was machen? Der Himmel zeigt sich gleichmäßig grau. Eine Wetterbesserung ist in nächster Zeit nicht zu erwarten. Wir beschließen dennoch zu drehen. Hauptsache, die Kameras werden nicht nass. Dafür gibt es Plastiküberzüge. Aber der Tonmann Thomas schüttelt den Kopf. Jeder Wassertropfen auf den Mikrofonen hört sich an wie ein Erdbeben. Schließlich verpacken wir Heike und Herrn Bringschulte so in ihre Regenmäntel, dass nicht nur ihre Köpfe, sondern auch die darunter angebrachten Mikrofone trocken bleiben. Ekke Schone, unser erster Kameramann kritisiert: »Die Kapuzen werfen aber böse Schatten in die Gesichter!« Wir machen zwei batteriebetriebene Scheinwerfer klar, die die Gesichter aufhellen sollen. Eine kurze Probe, dann können wir drehen. Heike schnappt sich einen dicken Ast und trägt ihn zum Schredder und bringt ihren Text wie immer locker rüber: »Was ich nicht ganz verstehe, Volker Bringschulte, ist das Besondere an ihrer Holzwirtschaft. Nach meinem Dafürhalten trage ich gerade ganz gewöhnliche Tanne zum Schredder.« Die Antwort kommt prompt: »Das Holz ist auch wirklich nicht das Besondere, sondern die Art, wie wir es nutzen«, sagt Volker Bringschulte. »Normalerweise wird solches Holz für die Spanplattenproduktion genutzt. Durch Billigimporte sind jedoch die Preise mittlerweile so niedrig, dass es sich kaum noch lohnt, die ganze Arbeit auf sich zu nehmen.« Deshalb taten sich die Waldbauern aus der Gemeinde zusammen und kamen auf die geniale Idee, die örtliche Schule mit einer Holzheizanlage zu versehen. 80.000 Liter Heizöl pro Jahr werden durch Holz ersetzt. Das ist nicht unbedingt billiger als Öl, aber wesentlich umweltfreundlicher. Tatsächlich erfahren wir später, dass nicht nur die Schule, sondern auch die Turnhalle und noch ein Kindergarten mit Holz beheizt werden. Die Landwirte sind für die regelmäßige Lieferung verantwortlich. Uns scheint das Projekt sinnvoll und es wäre sicherlich auch für andere Gemeinden eine Alternative zum Heizöl. Wir verabschieden uns und fahren zum Hotel, wo wir endlich aus den triefnassen Klamotten kommen.

Volker Brinkschulte
Alte Poststr. 82, 29328 Melle
Telefon 0 54 27 / 2 74

Noch eine Schweinerei

Am nächsten Morgen strahlt die Sonne vom Himmel herab und wir fahren nach Georgsmarienhütte, zum Schlachthof der Erzeugergemeinschaft Osnabrück. Mir war in vielen Gesprächen aufgefallen, dass immer weniger Menschen wissen, wo eigentlich das Schnitzel, der Braten oder die »spare ribs« beim Schwein sitzen. Im Schlachthof wollen wir eine kleine Warenkunde drehen. Dieter Fehren macht das auf seine ganz eigene Art – er ist wirklich eine echte Drehsensation. Zwei Schweinehälften hängen am Haken. Heike und Dieter Fehren stehen korrekt gekleidet vorm Arbeitstisch. Das ganze Team ist nach allen Vorschrif-

© EGO/Festag

Der Schlachthof der Erzeugergemeinschaft Osnabrück (EGO) in Georgsmarienhütte.

ten der Hygieneverordnungskunst verkleidet und wartet. Wo sitzen also die Koteletts und die Ribs? Dieter Fehren schnappt sich eine Säge und trennt kurzerhand Rippen von der Schweineseite.

»Fangen wir mal mit der dicken Rippe an«, sagt er und zeigt auf das Stück Rippe, das im vorderen Brustbereich sitzt. »Die dicke Rippe ist oft ein völlig unterschätztes Stück Fleisch. Wenn Sie sie aufschneiden und mit Kräutern oder Käse füllen, ist sie ein hervorragender Braten – kostet nicht viel und schmeckt wunderbar!« Dieter Fehren entpuppt sich als ein wandelndes Kochbuch in Sachen Fleisch, und ich bedauere zutiefst, dass ich nicht so schnell mitschreiben konnte, wie er beim Schweinezerteilen durch die Wunder der Kochkunst eilt. Wir sind hingerissen. Dieter Fehren zeigt uns kein Fleisch, sondern entführt uns auf eine lukullische Reise. Der Tipp für den Sommer: »Nehmen Sie zum Grillen bloß Nackenkoteletts. Die haben zwar mehr Fett, bleiben aber dadurch saftig und zart. Einen Braten sollten Sie übrigens schön langsam bei niedriger Temperatur grillen. Es lohnt sich!« Ach ja, und dass man die Qualität des Fleisches an der Farbe erkennt, sagt er noch. Kräftig rotes Fleisch bedeutet, dass es auch richtig durchblutet wurde. Weißes Fleisch dagegen deutet umgekehrt auf eine Minderdurchblutung hin. »Das gilt nicht nur bei Schweinefleisch, sondern auch bei Kalb-, Hühner-, und Putenfleisch. Weißes Fleisch ist nicht natürlich!« Was Dieter Fehren so kurz und knapp ausdrückt, haben mir viele Fachleute bestätigt. Ich wundere mich deshalb immer noch, dass diverse Ernährungsberater gerade weißes Fleisch besonders empfehlen. Wir bedanken uns bei Dieter Fehren und schreiben uns noch gleich einige Rezepte auf. Auf der nächsten Seite ein kleiner Auszug:

Schlachthof
Rudolf Festag
Hardenberger Weg 18
49124 Georgsmarienhütte
Telefon 0 54 01 / 8 20 00
Telefax 0 54 01 / 94 17

Rezept:

Schweinebauch mit Käse und Champignonfüllung

Vom Schweinebauch die dünne Rippe und Schwarte entfernen. Die Innenseite mit Salz und Pfeffer würzen. Schmelzkäse und Champignons mengen und auftragen. Bauch mit Schmelzkäse und Champignonfüllung zusammenrollen und mit Küchengarn fest zusammenbinden. Nochmals pfeffern. Im Bräter bei mittlerer Hitze das Fleisch von allen Seiten in Butterschmalz anbräunen. Zwei Tomaten und eine Zwiebel vierteln und mit dem Bauch im Backofen garen.

Holzfällersteak

Schulter mit Schwarte und Knochen in 1 cm dicke Scheiben schneiden (lassen). Schulterscheiben mit herzhaften Grillgewürz bestreuen und mit Öl marinieren. Eine deftige Grillspezialität.

Dicke Rippe mit Zwiebelfüllung

An der Seite der dicken Rippe eine Tasche zum Füllen einschneiden. Gemüsezwiebeln in dünne Scheiben schneiden und mit Senf anreichern. Die Füllung in die Tasche geben. Die dicke Rippe von außen würzen und bei mittlerer Hitze im Backofen garen und mit Rotwein ablöschen.

Guten Appetit!

Alles Bio und noch mehr

Vor einigen Jahren hörte ich, dass an der landwirtschaftlichen Hochschule in Osnabrück ein »Tiergerechtheitsindex« entwickelt wurde. Was immer das ist – es interessiert mich. Deshalb mache ich mich auf den Weg nach Osnabrück und lerne Professor Robby Anderson kennen, der den »Tiergerechtheitsindex« mit entwickelt hat. Die Frage, die am Anfang der Arbeit stand, lautete: Was brauchen Tiere, die in menschlicher Obhut leben, um ein möglichst tiergerechtes Leben zu führen? Die Frage ist einfach, aber die Antwort erforderte lange Studien. Die Nutztierethologie, also die Wissenschaft vom Verhalten der Nutztiere, war bis Mitte der 70-er Jahre darauf ausgerichtet, Strategien zu entwickeln, um die Leistung der Tiere nicht zu beeinträchtigen: Fraßen sich die Hühner in der Legebatterie gegenseitig auf, so wurde Rotlicht eingesetzt; knabberten sich Schweine die Schwänze ab, wurde das Kupieren der Schwänze empfohlen; verletzten sich Rinder im engen Stall gegenseitig mit den Hörnern, wurden die einfach entfernt.

Professor Anderson leistete Pionierarbeit, weil er nicht nur die Frage des Nutzens der Tiere stellte, sondern wissen wollte, wie Bedingungen aussehen müssen, damit die Nutztiere ihre natürlichen Verhaltensweisen ausleben können. Sein Tipp: »Für die Landpartie sollten Sie in

© FH Osnabrück/Wallenhorst

© FH Osnabrück/Wallenhorst

Alte Getreidesorten: Einkorn und Emmer werden seit rund 10 000 Jahren angebaut.

Wallenhorst vorbeischauen. Das hat zwar wenig mit dem ›Tiergerechtheitsindex‹ zu tun, ist aber, wie ich meine, ein interessanter Betrieb. Wissen Sie was: Ich komm gleich mit!« Wir fahren also in nördliche Richtung und erreichen Wallenhorst. Das Versuchsgut ist der einzige Bio-Betrieb, der dem Land Niedersachsen gehört. Immerhin wenigstens eins!

Jetzt fahren wir bei herrlichem Sonnenschein die Einfahrt in das Versuchsgut hinauf. Der Bauerngarten vor dem Haupthaus steht in voller Blütenpracht und Hubertus Wallenhorst empfängt uns. Getreide, Kartoffeln und Schafe sind unsere Themen und deshalb beginnen wir. auf einem Versuchsfeld, wo Einkorn und Emmer stehen. »Sie gehören wahrscheinlich zu den ältesten Getreidesorten und werden schon seit über 10.000 Jahren angebaut«, sagt Hubertus Wallenhorst. »Das Einkorn hat einen sehr hohen Betakarotingehalt und ist, wie der Emmer, sogar für einige Weizenallergiker geeignet.« Auf dem Feld, auf dem die beiden Getreidesorten gedeihen, kümmert sich der Versuchsbetrieb »Waldhof« um den richtigen Anbau und die Pflege – und sorgt dafür, wertvolles Wissen wiederherzustellen. Dazu gehört auch das Verarbeiten dieser Getreidesorten, die nicht ganz so ergiebig sind wie Weizen und Dinkel.

Geschmacklich sind Einkornbrot und Emmerplätzchen aber wirklich

© FH Osnabrück/Wallenhorst

Border Collie Polly beim Schafe hüten

Vor dem großen Auftritt wird auch Koch Heinz-Ludwig Eichholz geschminkt.

lecker, wie Heike stellvertretend fürs Team feststellen darf. Doch es soll noch schöner kommen. Im Gasthaus »Zum Freden« in Bad Iburg wird uns Heinz-Ludwig Eichholz, der Besitzer und Koch ein Gericht aus der Region vorstellen. Da passt es doch gut, dass wir etwas von dem besonderen Emmer- und Einkornmehl mitbringen.

Wir ziehen weiter zur nächsten Station auf dem Versuchsgut. 28 alte Sorten wachsen auf dem Kartoffelacker. Heike und Hubertus Wallenhorst ernten »Hermann's Blaue«, eine Kartoffelsorte, die tatsächlich blau ist. So etwas suchen Restaurants, sagt Hubertus Wallenhorst und demonstriert dann, dass früher nicht alles besser war. Viele Kartoffelsorten waren kleiner, schlecht zu schälen, gering im Ertrag und dennoch genauso mühsam anzubauen wie große Kartoffeln. Dennoch sollen die alten Sorten erhalten bleiben. »Sie sind einerseits eine Genreserve und andererseits untersuchen wir natürlich auch die Inhaltsstoffe der verschiedenen Sorten«, erklärt Hubertus Wallenhorst und ist kurz abgelenkt, weil ein Border-Collie die Szene betritt. »Es ist Zeit, die Schafe auf die Weide zu bringen,« meint unsere Kartoffelexperte und winkt uns zum Schafstall herüber. Dann kommt die Sensation: »Wir haben hier eine Schafrasse, die ihre Wolle abwirft und nicht mehr geschoren werden muss.« Heike ist bestürzt, dass die Wolle nicht genutzt wird, erfährt aber sogleich, dass sich das Scheren bei den derzeitigen Preisen einfach nicht mehr lohnt. Schafe mit Wollentsorgung – für Schäfer ist das eine sinnvolle Alternative. Dem Border-Collie ist das völlig egal. Er ist in seinem Element, konzentriert und sicher treibt er die Herde auf eine Weide, und Hubertus Wallenhorst lässt ihn noch eine ganze Weile arbeiten. Wir setzen uns auf das frische Gras, schauen zu und genießen dabei die herrliche Sonne. Ein guter Arbeitstag, an dem wir einiges gelernt haben. Hunger kommt auf. Richtig, wir sind ja mit Heinz-Ludwig Eichholz verabredet, dem Besitzer der Gaststätte »Zum Freden« in Bad Iburg.

Ökologischer Versuchsbetrieb der Fachhochschule Osnabrück »Waldhof«
Hubertus Wallenhorst
Zum Gruthügel 8
49134 Wallenhorst
Telefon 05 41 / 6 85 53 57
Telefax 05 41 / 6 85 54 49
www.aw.fh-osnabrueck.de

»Slow food a la Osnabrücker Land«

Die »slow food« Bewegung entstand vor einigen Jahren in Italien. Mehrere Köche und Gastwirte taten sich zusammen, um etwas gegen das ständig wachsende »Fast Food«-Angebot zu unternehmen. Sie verabredeten, Produkte aus der Region zu verwenden und die Speisekarte von den Jahreszeiten abhängig zu machen. Es dauerte nicht lange und die

Rezept:

Jungschweinfilet mit dicken Bohnen

Zutaten

600 g Jungschweinfilet ohne Kopf und Kette
600 g geschälte Kartoffeln (mehlig)
4 Eigelb
250 g dicke Bohnen
30 g Butter
30 g Speck (geräuchert, in feinen Würfeln)
2 Eßl. Sauerrahm, 1 Tl. Bohnenkraut, Salz, Pfeffer

Zubereitung

Das Jungschweinfilet in 8 Medaillons a 70/80 g schneiden. Die Kartoffeln auf einer Reibe raspeln und leicht ausdrücken, Eigelb zugeben und salzen. Die Medaillons leicht in Mehl welzen und die Kartoffelmasse auf die Medaillons geben und im Fett zuerst mit der Kartoffelseite anbraten und dann auf der anderen Seite fertig braten.

Die dicken Bohnen in Salzwasser kochen, danach die äußere Haut abziehen. In einem Topf die Butter erhitzen und die Speckwürfel anbraten. Sauerrahm zugeben, aufkochen und die Bohnenkerne hinzugeben. Alles durchschwenken und mit Pfeffer und Bohnenkraut würzen.

Anrichten

Die dicken Bohnen auf den vorgewärmten Tellern anrichten und die Jungschweinmedaillons obenauf setzen.

Guten Appetit!

ersten »slow food«- Restaurants entstanden. Leider noch viel zu wenig, jedenfalls meiner Meinung nach.

Deshalb stellen wir gern in der Landpartie Restaurants und Lokale vor, die entweder die deutsche Küche pflegen oder Produkte aus der Region verarbeiten. Im Gasthaus »zum Freden« ist das der Fall.

Die Küche ist geräumig, das Restaurant einladend und Heinz-Ludwig Eichholz bäckt aus dem frischen Einkornmehl leckere Pfannkuchen, gefüllt mit Pfifferlingen. Während der Zubereitung erzählt er uns, wie er ans Slow food kam: »Ich habe schon früher gern frisch eingekauft und mich für Rezepte aus Großmutters Zeiten interessiert. Man muss natürlich heute einiges abändern, weil früher sehr fett gekocht wurde. Hinzu kommt, dass wir heute über viel mehr frische Kräuter verfügen als früher. Sie bereichern ja wohl jedes Rezept!« Heinz-Ludwig Eichholz arbeitet als Profi in einem Tempo, dass wir Mühe haben, all seine Arbeitsgänge im Bild festzuhalten.

Als Hauptgang macht er einen Jungschweinrücken mit dicken Bohnen. Es lohnt sich, diese Rezepte nachzukochen. Übrigens: Es ist nicht immer nur Heike, die während der Dreharbeiten probiert und isst. Uns hat es auch ganz hervorragend geschmeckt!

Hotel-Restaurant Zum Freden
Heinz-Ludwig Eichholz
Zum Freden 41
49186 Bad Iburg
Telefon 0 54 03 / 40 50
Telefax 0 54 03 / 17 06
E-Mail: info@hotel-zum-freden.de
www.hotel-zum-freden.de

Die weißen Pferde der Camargue

Wieder ein herrlicher Tag. Wir fahren von Osnabrück Richtung Bad Essen. »Und wenn Sie dann aus dem Wald herauskommen, den ersten Weg rechts rein. Können Sie nicht verfehlen. Es stehen überall Pferde auf den Weiden!« So hatte uns Christiane Horstmann den Weg beschrieben und so finden wir das kleine, aber feine Gestüt. Tobias und Christiane Horstmann begrüßen uns. »Die meisten Pferde sind auf den verschiedenen Weiden, aber wir haben noch einige Stuten und Hengste im Stall.«

Camargue-Pferde im Osnabrücker Land, auch wenn Stiere hier keine Rolle spielen.

Wir machen uns drehfertig. Heike entdeckt eine kleine Katze und nimmt sie gleich auf den Arm. »Die kommt mit ins Bild!« Gegen Heike und kleine Katzen gibt es kein Argument. Wir können drehen. Im Stall stehen zwei Stuten mit Fohlen. Ein Hengst wiehert zur Begrüßung. Heike schaut sich die Tiere in den geräumigen Boxen an, streichelt ein Fohlen, das neugierig die kleine Katze beschnuppert. »Sind Camargue Pferde eigentlich immer weiß?«, will Heike wissen und Tobias Holzmann erklärt: »Ja, aber die Fohlen kommen dunkel zur Welt. Manche sind schwarz, andere rot oder hellbraun. Erst mit fünf bis sieben Jahren sind sie dann richtig weiß.«

Camargue-Pferde im Osnabrücker Land, für die Holzmanns bereits eine Tradition. Der Vater von Tobias Holzmann begann schon vor über 30 Jahren mit der Zucht und nutzen sie als Freizeitpferde. »Carmagues sind sind nervenstark, sehr robust, und ich finde sie ausgesprochen schön!« Tobias Hartmann kommt aus dem Stall und ergänzt: »Immer mehr Menschen möchten zu Pferd die Natur entdecken. Sportliche Aspekte spielen dabei kaum eine Rolle, sie wollen einfach das Pferd und die Natur genießen. Für solche Zwecke ist das Camargue-Pferd ideal.«

Ganz zufrieden ist seine Frau mit der Erklärung nicht. »Das Camargue-Pferd bietet sich auch sehr gut für Distanzritte an oder sogar für die Dressur.« Aber dann zeigt sie uns doch, was für besondere Fähigkeiten die Camargue-Pferde haben. Auffallend ist für uns noch der spezielle Sattel, den sie dabei benutzt. »Es ist ein französischer Sattel«, erklärt

Auf dem Gestüt Horstmann können sich auch Anfänger in die Reiterei einweihen lassen.

Christiane Hartmann. »Man sitzt sehr bequem und sehr tief darin. Er wurde für die Rinderarbeit entwickelt. Selbst bei einem abrupten Stopp fliegen Sie nicht heraus.«

Wer will, kann das bei Reitkursen selber ausprobieren. Fürs erste aber demonstrieren die beiden Horstmanns die ungeheure Wendigkeit der Camargue-Pferde eindrucksvoll: Christiane Horstmann nimmt einen Blumenstrauß und galoppiert davon. Ihr Mann folgt ihr im gleichen Tempo. Seine Aufgabe ist es, seiner Frau den Strauß abzunehmen. Flink und geschwind werfen sich die kleinen Pferde mit ihren Reitern herum und es ist eine Lust, ihnen dabei zuzusehen.

Camargue Gestüt Rhedebrügge
Tobias und Christiane Horstmann
Hustädter Str. 94
49152 Bad Essen
Telefon 0 54 72 / 95 70 67
Telefax 0 54 72 / 95 70 67

Die Kirschen in Nachbars Garten ...

... sollen ja bekanntlich besonders süß sein – und Hagen am Teutoburger Wald hat viele Kirschgärten. Schon bei meinem ersten Besuch hatte mir Herbert erzählt, dass Hagen berühmt in der ganzen Gegend für die Kirschen sei. Jetzt zu den Dreharbeiten sind natürlich auch Annette, ebenfalls eine Hagenerin und gute Freundin, und Herbert mit von der Partie, schließlich ist es für die beiden ein Heimspiel. Wir fahren aus dem Ort heraus und biegen bald rechts von der Landstraße ab.

»Was ihr hier seht, gehört schon alles zum Besitz der Familie Schönhoff!« erklärt Herbert. »Die haben sich richtig nach oben gearbeitet. Wenn andere ein Bier getrunken haben, schuftete die Familie in ihrer Baumschule!«

Wir fahren einen sanften Hügel hinauf. Wind kommt auf, den wir jetzt eigentlich überhaupt nicht gebrauchen können. Erst auf der Hü-

Osnabrücker Land oder Toskana – beim Hof der Familie Schönhoff fällt die Entscheidung schwer.

gelspitze entdecken wir das Wohnhaus und die Baumschule der Familie Schönhoff. Es ist Samstagnachmittag und entsprechend wenige Kunden wollen einkaufen. Wir suchen Hermann Schönhoff und es dauert eine gute Weile, bis wir ihn endlich entdecken. Natürlich bei der Arbeit. »Der Wind wird vermutlich stärker!« sagt er mit einer etwas besorgten Mine. »Wir sollten bald anfangen, denn die Bäume sind ziemlich hoch. Mir macht das nichts aus,

Heike Götz und Hermann Schönhoff zwischen Kirschbäumen.

aber ich weiß nicht, wie sich Heike da oben fühlt.« Heike schaut sich den Kirschbaum an und sagt nur: »Bloß nicht nach unten sehen!« Wir holen einen Trecker mit Frontlader aus der Wagenhalle von Hermann Schönhoff. Auf der Ladefläche des Frontladers macht es sich unser erster Kameramann, Ekke Schone, soweit es geht, bequem. Auch ihn bringen wir in schwindelnde Höhen, genau in die Position, in der er Heike und Hermann Schönhoff am besten drehen kann. Die beiden anderen Kameraleute bleiben wie wir sicher auf Mutter Erde. Der Dreh beginnt. Heike schnappt sich einen Weidekorb und klettert die schwankende Leiter hinauf. Sie macht das richtig gut. Kaum oben angekommen, will sie wissen, warum in Hagen am Teutoburger Wald so viele Kirschenbäume wachsen.

»Hagen liegt so ziemlich genau zwischen Münster und Osnabrück. Schon relativ früh wurde eine Eisenbahnlinie zwischen den beiden Städten gebaut und die führte an Hagen vorbei. Kirschen sind sehr sensible

Früchte, die möglichst schnell nach der Ernte verzehrt werden müssen. Wegen des guten Handelsweges lohnte sich der Kirschanbau für die Bauern. Es dauerte nicht lange und Hagen stand voller Kirschbäume, denn auch der Boden, der besonders kalkhaltig ist, spielte mit.« Heike hat die ganze Zeit eifrig gepflückt und wagt nun einen zögerlichen Blick nach unten. »Solche riesigen Bäume wie den hier, sieht man ja heute nicht mehr so oft!« »Nein, sie sind ja auch für den Pflücker recht gefährlich. Wer will sich schon für ein paar Pfund Kirschen die Knochen brechen.« Heike ist dankbar für das Stichwort. »Ich glaube, wir sollten nun auch die schwindeligen Höhen verlassen. Der Wind wird doch zunehmend stärker.« Beide klettern flink aus dem Baum.

Erst als Heike wieder sicheren Boden unter den Füßen hat, fragt sie, ob es früher oft vorgekommen sei, dass Pflücker aus den Bäumen gefallen wären. »Und ob! Ich übrigens auch. Irgendwie gehört das dazu. Zum Glück gab es nicht viele schwere Unfälle.«

Heike fasst den Stamm an und will wissen, was mit dem Holz passiert, wenn der Baum mal gefällt werden muss. Hermann Schönhoff schmunzelt: »Idioten verbrennen es. Normalerweise wird es aber zu Möbeln verarbeitet. Zu ganz fantastischen Möbeln. Ich bin selbst mit Kirschholzmöbeln eingerichtet.« Über die Kunst, aus Kirschholz schöne Möbel zu machen, werden wir später noch berichten, denn auch da haben wir einen Besuch vorbereitet. Doch zunächst geht es weiter zum oberen Teil der Baumschule. Dabei durchqueren wir einen Park mit kleinen Seen. Hier sieht man den »grünen Daumen« der Familie Schönhoff: Kein

Die Ernte von Hochstammkirschen ist nicht ganz ungefährlich.

Strauch, keine Blume, kein Baum, der nicht prachtvoll und gesund aussieht. Eine Augenweide für jeden Hobbygärtner. Hermann Schönhoff zeigt uns einige neue Süßkirschbäume. Es sind ausschließlich Sorten mit einem kurzen Stamm, die sich bequem im Stehen ernten lassen.

Heike hebt den Korb hoch, den sie die ganze Zeit mit sich trägt. »Darf ich die Kirschen mitnehmen? Wir haben nämlich morgen eine Verabredung in Osnabrück und ich habe versprochen, Kirschen aus Hagen mitzubringen. Aber ich möchte noch etwas anderes wissen: Dieser Korb macht einen so richtig stabilen und soliden Eindruck. Wo bekommen Sie solche Körbe her?« »Aus Hagen natürlich! Wir haben hier noch einen der letzten Korbflechter. Und die

Korbflechten – ein altes Handwerk, das flinke Hände verlangt.

Kirschen schenke ich Ihnen. Ein kleiner Gruß aus Hagen am Teutoburger Wald.«

Hermann Schönhoff
Zu den Duvensteinen 8
49170 Hagen a. T. W.
Telefon 0 54 01 / 94 35
Telefax 0 54 01 / 9 99 81

Einen Korb bekommen

Es ist nicht weit entfernt. Gleich am Waldrand steht das Haus von Josef Gausmann. Ein Hund empfängt uns und Kanarienvögel in einer großen Voliere neben dem Eingang trillern fröhlich. Josef Gausmann finden wir im Keller, umgeben von großen und kleinen Körben. Seine Frau sitzt an seiner Seite und hilft ihm. Die beiden wundern sich. Dass da jemand Korbflechter fürs Fernsehen drehen will. »Das interessiert doch keinen«, sagen die Gausmanns. Wir sind aber sicher, dass es viele interessiert, wie so ein Korb entsteht. Heike lässt sich von Frau Gausmann zeigen, wie geflochten wird. Unsere Moderatorin hat es schnell begriffen, merkt aber bald, dass so ein Korb ganz schön Zeit kostet, bis er fertig ist. Frau Gausmann erzählt, wie es geht: »Zuerst mache ich den Rahmen aus stärkeren Ästen. Der Korb soll ja schließlich lange halten. Dann setze ich die Rippen ein. Die sind etwas dünner, aber auch stark. Und um die Rippen wird dann später geflochten.« Das Material wächst in der Natur. Rohrbast oder Weide wird von Josef Gausmann selbst geschnitten. Für ihn ist das Ganze mehr ein Hobby, seit er nach einer schweren Krankheit frühpensioniert wurde. Mehr als 20 Euro nimmt er nicht für einen Korb, »denn mehr zahlen die Leute auch nicht.« Heute zahlen alle, das ganze Team deckt sich mit Körben ein. Vom Brotkorb bis hin zum großen Erntekorb wandert die gute Ware ins Auto.

Josef Gausmann
Wiesentalweg 14, 49170 Hagen a. T. W.
Telefon 04 91 / 70 90

Die »Landpartietorte« entsteht

Heike hat die Kirschen im Korb und verteidigt sie gegen das verfressene Team. Schließlich können wir jetzt auch noch warten, bis wir im Café Läer sind, wo Herr Läer eine ganz spezielle Torte für uns kreiert hat. Mit Zutaten aus Bioproduktionen, das ist Ehrensache bei ihm.

Während die Torte im Ofen ist, haben wir Zeit, uns in dem geschichtsträchtigen Haus umzusehen. Herr Läer erklärt uns, dass er es vor einigen Jahren in Zusammenarbeit mit dem Denkmalschutz restauriert hat. »Es ist wohl das älteste Bürgerhaus von Osnabrück. Es steht seit nachweislich 1533. Wir haben aus den tragenden Balken Proben nehmen lassen, nach denen man genau bestimmen kann, wann das Haus erbaut wurde.«

Wir gehen die Treppe im Cafe hinauf und kommen in einen Raum, der etwas an Spanien erinnert. Hier soll ein spanischer Gesandter während der längeren Verhandlungen zum westfälischen Frieden gewohnt haben. Ornamente an den Wänden sollten ihn wohl an den sonnigen Süden erinnern. Apropos, sonniger Süden! Wir gehen wieder hinunter und widmen uns dem, weswegen wir gekommen waren: Der »Landpartietorte«! Kein Krümel bleibt übrig.

Rezept:

Landpartie-Torte (Kirschtorte)

Für die Füllung

Angedickte Kirschen
300 g Kirschsaft, davon 100 g Kirschsaft abnehmen und mit 25 g Weizenpuder verrühren.

Die 200 g Kirschsaft mit 60 g Zucker und einem Teelöffel voll Zimt aufkochen. Dann den Saft mit dem Weizenpuder einrühren, bis es anstockt und gebunden ist. Als nächstes 300 g abgetropfte Kirschen unterheben. Die heißen Kirschen auf den Boden füllen und abkühlen lassen.

Sahne-Vanille-Creme

600 g Sahne (Schlagsahne)
30 g Zucker
1 1/2 Tütchen Sahnestand mit gemahlener Vanille abschmecken.

Sahne mit Zucker, Sahnestand und Vanille aufschlagen und auf den abgekühlten Boden mit den Kirschen geben. Mit einer Palette verteilen und den zweiten Boden darauflegen, mit Puderzucker bestäuben. Den Rand der Torte mit abgerösteten, gehobelten Mandeln einmandeln!

100 g Butter, 100 g Margarine, 200 g Zucker, 2 g Salz, 150 g Eigelb
Alles zusammen aufschlagen.
250 g Mehl und 10 g Backpulver nach und nach dazugeben.
200 g Eiweiß, 1 g Salz und 300 Zucker zum Baiser aufschlagen.

Sandmasse in Ringen (2) aufbacken.
Baiser daraufstreichen, mit gehobelten Mandeln bestreuen. Abflämmen.

Guten Appetit!

Was ist ein »Näpken«?

Was denn nun? Gehört die Töpferei Niehenke zu Hagen oder zu Hasbergen? Gar nicht so einfach, werde ich aufgeklärt. Hagen hat eine sehr alte und traditionsreiche Töpfergeschichte, zu der auch die Familie Niehenke gehört, sie sogar maßgeblich gestaltet hat. Somit gehört die Töpferei Niehenke zu Hagen. Der Wohnsitz liegt jedoch seit über 100 Jahren am Hüggel bei Hasbergen und ich beschließe, mich aus dieser lokalen Diskussion heraus zu halten, und mich dem zu widmen, warum wir hier sind: der Keramik. Gegenüber der Einfahrt zur Werkstatt und zum Laden blüht ein Flachsfeld. Heike kommt mit dem Fahrrad und entdeckt zwischen den Blumen und Sträuchern am Wegesrand zur Werkstatt tönerne Heinzelmännchen. Gut 1,20 Meter groß. Diese Wichtel, so erfahren wir später, haben eine ganz besondere Geschichte.

In der Werkstatt sitzt Bernd Niehenke an der Töpferscheibe und dreht ein »Näpke«. Heike schaut bewundernd zu, wie aus einem Klumpen Ton in kurzer Zeit ein Gefäß entsteht und will wissen, was es mit den lustigen Namen auf sich hat.

Ohne die Arbeit zu unterbrechen, beginnt Bernd Niehenke zu erzählen: »Wir machen Gebrauchskeramik. Das sind ›Näpkes‹, ›Kümkes‹, ›Pankokenbecken‹, ›Mielke- und Tabakspötten‹. Alles Keramikformen, die seit Jahrhunderten im Osnabrücker Land hergestellt werden. Es ist, wenn man so will, Bauernkeramik. Wir fühlen uns dieser Tradition verpflichtet, stellen aber auch natürlich moderne Formen her.«

Heike wiegt den Ton in ihrer Hand und fragt natürlich nach dessen »Heimat«. Dies ist der Auftakt zu einer kleinen Reise in die Vergangenheit. Wir tauchen in die Tiefen der Werkstatt ein, es ist dunkel, riecht nach Ton und alles sieht aus wie in einem sehr sorgfältig gepflegten Museum.

»Ich versuche, alles so zu erhalten, wie es früher war. Wir machen reine

In der Töpferei Niehenke wird »tierisch« getöpfert.

Handarbeit und brauchen deshalb keine modernen Geräte, die für eine Massenproduktion notwendig wären. So, wie Sie diesen Teil der Werkstatt sehen, sah er auch vor 100 Jahren aus, als mein Uropa mit seinen Brüdern hier arbeitete,« erzählt Bernd Niehenke. Durch eine enge Tür, die an einem alten Förderband vorbei führt, treten wir aus der Rückseite des Hauses und stehen unvermittelt in einer Tonkuhle. »Hier im Osnabrücker Land findet man allerbesten Ton. Das beste, was es für die Keramik gibt. Über das Förderband kommt er in die Werkstatt, wird dort gelagert und bearbeitet, bis wir ihn dann brauchen.«

Wieder haben wir das Gefühl, in der Töpferei Niehenke auf ein Kleinod gestoßen zu sein, das oft in der Hektik der Zeit kaum noch wahrgenommen wird. Tagein, tagaus saßen hier der Großvater und seine sieben Brüder, formten die Keramik und brannten sie nachts im Ofen. Der ist groß und tief und hat Platz für viel Keramik. »Der Ofen brauchte immer eine gleich bleibende Temperatur«, erzählt uns Bernd Niehenke. »Also mussten Nachtwachen abgehalten werden. Um sich die Zeit zu vertreiben, haben mein Großvater und seine Brüder begonnen, sich selbst als sogenante Hüggelzwerge zu formen (früher hießen die ›Sgönauken‹, also mittelhochdeutsch ›Schönaugen‹). Diese Figuren stehen bis heute bei uns im Garten. Schade nur, dass die ›Hüggelzwerge‹ nie zum Leben erweckt wurden und ein gutes Stück der harten Arbeit übernommem haben – so wie es in der Legende ja passierte.«

Keinem von uns war klar, mit wie viel Mühen es früher verbunden war, diese liebenswürdige und originelle Keramik herzustellen.

Aber auch dieser Hüggelzwerg kommt aus dem Ton der eigenen Grube!

»Mit der Industrialisierung veränderte sich dann auch diese Werkstatt. Bauernkeramik war plötzlich nicht mehr gefragt. Mein Großvater spezialisierte sich auf Blumentöpfe und stellte sie zu Tausenden her. Die Konkurrenz war hart und es schien, dass unser Familienbetrieb nicht überleben konnte.« Als Bernd Niehenke den Betrieb übernahm, traf er die Entscheidung, die Tradition wieder einzuführen. Er begann, alte Formen, alte Glasuren und alte Techniken wieder anzuwenden. Der Erfolg gibt ihm recht: Es hat sich gelohnt und Bernd Niehenke führt uns durch seinen Verkaufsraum. Becher, Tassen, Teller, Vasen, Krüge und Schalen in vielen Farben und Formen. Es fällt leicht, sich eine gedeckte Tafel mit dieser Keramik vorzustellen. Heike nimmt eine Tasse und wiegt sie in ihrer Hand. »Ich stelle mir an einem Sonnentag einen gedeckten Tisch auf dem Lande vor. Köstlicher Kaffee und duftender Kuchen – herrlich!«

»Das brauchen Sie sich nicht vorzustellen!« Bernd Niehenke bittet uns in einen Nebenraum und Heikes Traum steht schön gedeckt vor uns. »Meine Mutter hat etwas Kuchen gebacken und Kaffee und Tee gekocht!« Arbeit kann richtig Spaß machen. »Das bieten wir auch Besuchergruppen an, die sich gerne einmal die Werkstatt anschauen möchten – gegen Bezahlung natürlich!« Ein schöner Nachmittag! Natürlich kaufen wir auch ein und Dieter, unser Aufnahmeleiter, bekommt allmählich Probleme, unsere ganzen Errungenschaften in den Wagen zu verstauen.

Als wir gegen Abend kurz vor unserem Hotel sind, sagt plötzlich Ekke Schone, unser erster Kameramann: »Das war ein interessanter Dreh, aber etwas habe ich immer noch nicht verstanden: Was sind denn nun ›Näpkes‹ und ›Kümkes‹?« Wir müssen lachen. Die Frage haben wir tatsächlich vor lauter Begeisterung nicht geklärt. Im Hotel angekommen, rufe ich gleich bei Familie Niehenke an. Hier nun die Erklärung: »Näpken« sind Schüsseln von ca. 20 cm Durchmesser mit zwei waagerechten, angarnierten Henkeln in Ringform zum Halten oder Aufhängen in der Küche. Das »Näpken« war früher das wichtigste Essgeschirr. Jedes Familienmitglied hatte sein eigenes, oft mit dem Namen versehen. Heute wird es als Suppenschale gebraucht.

»Kümken« sind kleine, steilwandige Schalen zum Kaffeetrinken, heute aber auch als Teeschälchen im Gebrauch und die »Sette« war vor Erfindung der Zentrifuge einer der wichtigsten Artikel der Töpfer. In der »Sette« wurde der Rahm zur Buttergewinnung gestrichen. Sie ist eine flache Schale und mit schwarzem Ton ausgegossen.

Bernd Niehenke
Am Plessen 72
49205 Hasbergen
Telefon 0 54 05 /33 13
E-Mail: toepferei_niehenke@t-online.de
www.pottbaeckerniehenke.com

Edelkirsch, ganz hölzern

Das Osnabrücker Land meint es gut mit uns und zeigt sich auch am nächsten Tag in seiner sonnigsten Pracht. Wir frühstücken zwar nicht im Dekor der Bauernkeramik, aber trotzdem gut. Dann geht es nach Ostercappeln – unserer letzten Station in Sachen Kirsche. Die Adresse haben wir von Viktoria Freifrau von dem Bussche bekommen. Mit ihr sind wir für den Nachmittag verabredet. Nachdem wir in Hagen und Osnabrück alles über die Kirsche als Frucht erfahren hatten, musste unbedingt auch ein Möbeltischler in die Sendung, der Kirschholz verarbeitet. Jetzt sind wir auf dem Weg zu Reinhard Scholtissek, dem Kirschholzmöbelschreiner. Vor der Werkstatt arbeiten einige seiner Mitarbeiter in der warmen Sonne. Reinhard Scholtissek finden wir in der Werkstatt. Er baut gerade eine Schublade zusammen. Heike nimmt ein Seitenteil in die Hand und streicht sehr behutsam über das Holz, als sei es eine Kostbarkeit.

Dabei stellte er einst Eichenmöbel her und entdeckte sein Herz für Kirschholz erst, als er auf dem Flohmarkt einen alten Schrank entdeckte. »Es braucht ja im Leben oft einen Auslöser, und der Schrank war mein Auslöser. Ich fand das Holz faszinierend.« Dabei streicht auch Reinhard Scholtissek über seine Schublade. Seine Augen leuchten. »Es gab damals kaum einen Markt für Kirschholzmöbel, aber ich war besessen von dem Gedanken, solche Möbel zu bauen. Wir stellten einige Stücke her, und ich versuchte sie zu verkaufen. Es begann wirklich schleppend.« Doch nun läuft das Geschäft und wir wollen sehen, wie aus Holz ein Tisch wird.

Edle Möbel aus gutem Kirschholz kauft man bei Scholtissek!

Mindestens acht Arbeitsgänge brauchen die Handwerker allein für das Beizen und das Ölen. Die Mitarbeiter von Reinhard Scholtissek sind wahre Künstler, die vor der Vollendung eines Meisterwerkes stehen. Eines dieser Kunstwerke ist ein Schrank, der noch ungebeizt und ungeölt im hinteren Bereich der Werkstatt steht. Der Schreiner hat gerade die Schublade verleimt und geht damit auf den Schrank zu. Heike folgt ihm neugierig. »Was wollen Sie denn mit einer so kleinen Schublade bei diesem großen Kleiderschrank.« »Das ist mein Hobby!«, sagt Reinhard Scholtissek, schiebt im oberen Teil des Schrankes eine Holzplatte beiseite, die auf den ersten und auch zweiten Blick nichts als Dekor ist, und drückt die Schublade hinein. »Passt!« sagt er zufrieden. »Ich baue gern Geheim-

Ein Kirschholzschrank – garantiert mit Geheimfach!

fächer in meine Möbel ein. Das ist mein Hobby und die Kunden sind sehr zufrieden.«

Heike ist auf der Stelle begeistert zieht noch einmal die Schublade heraus, macht die Holzplatte wieder vor das Loch und bestaunt den Schrank. »Merkt kein Mensch! Ist ja genial. Sind die Geheimfächer immer an der gleichen Stelle?« Der Möbelkünstler sieht Heike an, als würde sie an seiner Intelligenz zweifeln. »Natürlich nicht! Das ist ja gerade für mich das Spannende, immer wieder neue Verstecke zu finden.« Reinhard Scholtissek lädt uns ein, mit ihm zu den Ausstellungsräumen zu fahren, die mehr Saal als Raum sind.

Gleich neben dem Eingang steht ein Schreibtisch. Heike soll das Geheimfach suchen. Sie öffnet die Fächer, sie rüttelt und zieht, aber entdeckt nichts. Bald geht unser Team ihr zu Hand und Reinhard Scholtissek lächelt zufrieden im Hintergrund. Er muss schließlich das Geheimnis lüften.

Erst danach öffnet sich unser Blick für all die Schönheiten, die hier ausgestellt sind. Über eine Stunde bleiben wir noch, berühren, tasten und bestaunen die kleinen und großen Kunstwerke. Jeder hängt seinen Träumen nach, richtet sein Zuhause neu ein oder kombiniert Vorhandenes mit Neuem. Große Esstafeln werden kreiert, Schlafzimmer und Küchen gestaltet. Der Abschied fällt schwer. Wer verabschiedet sich schon gerne aus einem schönen Traum?

Reinhard Scholtissek
Bremerstr. 40
49179 Ostercappeln
Telefon 0 54 02 / 98 58 0
Telefax 0 54 02 / 98 58 31
E-Mail: info@scholtissek.de

Gartenträume

»Da musst du hin!« hatte Herbert mit allem Nachdruck gesagt und damit das Schloss Ippenburg bei Bad Essen gemeint. Schlösser sind zumeist schön, Schlösser sind oft prachtvoll und geschichtsträchtig – trotzdem reicht mir für eine Landpartie ein Schloss allein als Drehort nicht. Schloss Ippenburg hat mehr – viel mehr! Etwas besseres ist kaum für eine Landpartie zu finden.

Viktoria Freifrau von dem Bussche ist eine Frau, die genau weiß, was sie will. Menschen, die einen Hang zum Trödeln haben oder zur Unentschlossenheit neigen, haben sicherlich Probleme mit ihr. Wir haben keine Probleme, sind aber eine Viertelstunde zu früh und müssen uns noch etwas gedulden, da der Terminplan der Freifrau gedrängt voll ist. Wir stehen vor dem Schloss und sind sowohl von Auffahrt als auch vom Gebäude begeistert. Trotz seiner Größe, den eher dunklen Steinen und seiner Höhe strahlt das Schloss eine gewisse Romantik und Heimeligkeit aus. Vielleicht entsteht dieser Eindruck auch deshalb, weil es in einem prachtvollen Park eingebettet ist.

Viktoria Freifrau von dem Bussche kommt und mit ihr gerät plötzlich alles wie von Geisterhand in Bewegung. Während das Team die Ausrüstung zurecht macht, gehen wir in den hinteren Teil des Parks. Heike möchte etwas über die Geschichte des Hauses wissen. Es ist bereits das dritte Schloss an dieser Stelle, erfährt sie. Ritter Johann von dem Bussche zog sich Ende des 14. Jahrhunderts in die Sümpfe der Hunteniederung zurück, um eine Festung zu bauen. Diese Festung hatte wahrscheinlich rein strategische Gründe, denn noch

Schloss Ippenburg ist ein Muss für Gartenliebhaber.

bis in die 60er Jahre des letzten Jahrhunderts war das Land häufig von der Hunte überschwemmt.

Das heutige Schloss, erbaut im neugotischen Stil, hat 100 Zimmer und noch mehr Fenster. Es gehören 300 Hektar Acker und 330 Hektar Wald dazu. Vor 15 Jahren begann Viktoria Freifrau von dem Bussche, den Park nach dem Vorbild englischer Cottagegärten anzulegen. »Es ist die schönste Arbeit, die ich mir vorstellen kann. Ich werde körperlich gefordert, bin in der Natur, gehe mit ihr um und gestalte. Das ist Balsam für die Seele, und ich kann nur jedem empfehlen, der auch nur ein kleines Stück Garten besitzt, es auch so zu machen. Sehen Sie«, und dabei wird ihr Gesicht ernster, »da

So viel Muße hat Viktoria Freifrau von dem Bussche nur selten. Doch für die Leute von der Landpartie nahm sie einmal kurz Platz.

Sommer auf Ippenburg!

laufen Menschen im Fitnesscenter, setzen sich auf Fahrräder, die nicht fahren, und strampeln sich in ihrem Schlafzimmer statt an frischer Luft die Seele aus dem Leib. Ich bin sicher, die gleiche Zeit mit Gartenarbeit zu verbringen, bietet wesentlich mehr und es kommt noch etwas Schönes dabei heraus.«

1989 fing die Freifrau mit dem Garten ganz einfach an. Um erst einmal an Menge zu kommen, säte sie Rittersporn, Mohn, Katzenminze und Lupinen aus. Im folgenden Herbst hatte sie schon aus eigener Vermehrung 1000 Pflanzen mehr. Viktoria von dem Bussche ist Autodidaktin, lernt aus Büchern und Fachzeitschriften, und genießt es jedes Mal wie ein kleines Wunder, wenn Pflanzen aufgehen, die sie gesät hat.« Davon will sich offenbar auch gerade Esther, unsere Kamerafrau im Team, zu überzeugen. Sie kriecht geradezu mit ihrer Kamera in die Blütenpracht hinein. Es scheint wie ein kleiner Rausch aus Farben und Formen. Der ganze Park ist großzügig und weitläufig angelegt. Das Auge geht auf Entdeckungsreise, ohne dabei zu ermüden oder gar durch die Fülle irritiert zu werden. Wir erreichen den Schlossteich und kommen nun auf ein Thema, das der Freifrau ganz besonders am Herzen liegt: Sie hat ihren Garten geöffnet. »1998 veranstaltete ich das erste Ippenburger Schloss- und Gartenfestival. Damals kamen über 10.000 Besucher. Es war das erste private Festival dieser Art und der Erfolg zeigte mir, dass ich auf dem richtigen Weg war.« Inzwischen kommen jedes Jahr etwa 60.000 Gartenfreunde zu den Festivals und die Organisation liegt längst nicht mehr in den Händen der rührigen Freifrau. »Ich freue mich, dass ich renommierte Gartenarchitekten, übrigens auch einige aus dem Ausland, gewinnen konnte, bei der Gestaltung der Festivals mitzuarbeiten. Führende Pflanzenzüchter beteiligen sich auch. So ist es möglich, dass wir auch immer neue Züchtungen den Gartenfreunden vorstellen können.«

Wir erreichen eine Kutsche, die uns durch den weitläufigen Rest des Parks bringen soll. Die beiden Traber warten schon ungeduldig, dass es endlich los geht. Viktoria Freifrau von dem Bussche erklärt Heike die verschiedenen Stationen des Parks. Garten als Kunstwerk, Garten in seiner exotischen Schönheit, Garten als Lebensraum. Die Kutschfahrt wird zu einer Reise der Sinne. Schließlich erreichen wir eine große eingezäunte Wiese. »Hier zeigen wir während der Festivals auch alte Nutztierrassen, Schafe, Ziegen, Kühe und Pferde. Hinzu kommt eine ›Slow-Foodcorner‹ mit Spezialitäten aus der Region. Dann haben wir auch noch Aussteller, die Landhausaccessoires, Stoffe, Mode und Kunst zeigen und natürlich auch verkaufen.«

Die Kutsche hält an, und wir sind wieder vor dem Schloss. Zum Abschluss lädt uns Viktoria Freifrau von dem Bussche zu einer Spezialität ein, die in ihrem Garten wächst: Tee mit Marokkanischer Minze. Wir setzen uns auf die Terrasse, genießen die Sonne und trinken Grünen Tee mit Marokkanischer Minze. Herrlich erfrischend an einem so heißen Tag.

Viktoria Freifrau von dem Bussche
Schloss Ippenburg
49152 Bad Essen
Telefon 0 54 72 / 44 75
Telefax 0 54 72 / 27 64

Tanzende Pferde

Wir kehren zurück, wo die Geschichte dieser Landpartie begann: nach Hagen am Teutoburger Wald. Als ich vor Jahren mit Herbert bei »Blüsen« in der Dorfgaststätte saß, tauchte irgendwann ein Mann auf, der mir als Ullrich Kasselmann vorgestellt wurde. Damals wechselten wir ein paar Worte, sprachen über deutsche Pferdezucht, über die Qualität der Tiere und er lud mich ein, sein Gestüt zu besuchen. Der Eindruck, den ich während eines Rundgangs bekam, prägte sich tief in mir ein. Nun geht es für die Landpartie zum Gestüt Kasselmann. Auf einem Reitplatz gleich neben der weitläufigen Einfahrt trainiert eine junge Frau ein Pferd. Beide scheinen so konzentriert zu sein, dass sie unsere kleine Karawane kaum wahrnehmen. Ullrich Kasselmann erwartet uns bereits. Er ist schon seit Jahren ein Star im internationalen Dressursport – nicht als Reiter, sondern als Ausbilder und Pferdekenner.

Etwa 120 Pferde stehen in der weitläufigen Gestütsanlage, auf den Weiden und in den Ställen, werden auf den verschiedenen Reitplätzen und Grünanlagen trainiert. Entstanden ist das alles aus dem Hof der

Dressurpferde vom Gestüt Kasselmann haben eine erstklassige Ausbildung.

Familie Kasselmann. »Mein Vater hatte hier einen landwirtschaftlichen Betrieb. Er züchtete Pferde für die Landwirtschaft. Ich bin dann schon als Jugendlicher in den Springsport eingestiegen.« Für einen Moment schweigt Ullrich Kasselmann, dann lächelt er Heike an: Ein Leben ohne Pferde konnte ich mir nie vorstellen, und ich weiß auch nicht mehr, wann es mir klar wurde. Es muss jedenfalls schon sehr früh gewesen sein.«

Zwei Pferdepflegerinnen führen zwei verschwitzte Hengste an uns vorbei. Trotz ihres tänzelnden Temperaments sind sie fast spielerisch von den beiden Pflegerinnen zu führen. Wir folgen ihnen und stehen bald in einem Pferdesolarium. »Nach der täglichen Arbeit ist das Solarium für die Pferde die reine Entspannung,« erklärt Ullrich Kasselmann. Er geht mit Heike auf einen der beiden Hengste zu, streichelt ihn liebevoll und schaut ihn mit Begeisterung an.

»Das ist Lord Sinclair. Ein Pferd, das einmal im ganz großen Sport

© Julia Rau

Pferdekenner Ullrich Kasselmann.

eine sehr gute Chance hat.« Dann geht er zu dem anderen Hengst. »Welthit O steht kurz vor der olympischen Reife. Er ist jetzt neun Jahre alt und ein ganz fantastisches Pferd.«

So wie Ullrich Kasselmann es sagt, hat niemand in unserem Team Zweifel an seinen Worten. Die Atmosphäre auf dem Gestüt hat etwas sehr einnehmendes. Die Ruhe, die Harmonie und die Konzentration auf die Pferde machen den Charakter der Anlage aus. Laute Worte sind nicht zu hören, und es scheint, dass Nervosität und Hektik hier Hausverbot haben. Neben dem Solarium gibt es noch verschiedene Räume mit Laufbändern, einen Swimmingpool für Pferde und eine kleine Klinik, in der Notfälle sofort behandelt werden können. Und in den Ställen haben die Pferde Platz – viel Platz und irgendwie haben wir auch nichts anderes erwartet.

Heike streichelt eines der Pferde, das seinen Kopf neugierig aus der Luke streckt, und Ullrich Kasselmann erzählt über seine Liebe zur Dressurarbeit. »Die Dressur ist für mich die Kür im Pferdesport. Es dauert sehr lange, bis ein Pferd wirklich Spitzenklasse ist und es gibt nicht viele Pferde, die dazu in der Lage sind.« Bei allem, was Ullrich Kasselmann erzählt, scheint er in seinen Gedanken immer bei den Pferden zu sein. Sie sind ganz und gar seine Welt und alles kreist um sie. Man könnte fast sagen, dass nicht die Pferde für ihn da sind, sondern genau umgekehrt.

Heike wagt leise Kritik: »Seien Sie mir nicht böse, aber für mich hat die Dressur irgendwie etwas Unnatürliches. So bewegen sich Pferde doch normalerweise nicht.« Ullrich Kasselmann lacht. »Haben Sie etwas Zeit? Dann kommen Sie mit.« Er führt uns zu einer Weide, auf die gerade einige Jungpferde gebracht werden. Erst galoppieren sie ungestüm los, dann scheinen sie spielerisch ihre Kräfte zu messen. »Schauen Sie genau hin! Diese Pferde haben noch nichts gelernt, aber Sie werden viele Bewegungsabläufe bei ihnen entdecken, die wir in der Dressur nur noch verstärken und verfeinern.« Das ganze Team steht neugierig am Zaun und beobachtet die Pferde. Es dauert nicht lange und wir sehen, was Ullrich Kasselmann meint. »In der Dressur bauen wir auf das Imponiergehabe der Pferde. Jeder Bewegungsablauf ist natürlich und doch kostet es viel Arbeit und Geduld, sie bis zur Perfektion zu entwickeln.«

Plötzlich sehen wir die Dressur in einem ganz anderen Licht und entdecken noch mehr die Schönheit und Grazie dieser Tiere. Als wir die Stallanlage wieder erreichen, kommt gerade der Schmied, Klaus Temmeyer, und baut seine mobile Schmiede auf. Wir beschließen, seine Arbeit zu drehen. Heike schaut ihm neugierig bei der Arbeit zu, sieht wie ein Eisen zu glühen beginnt, wie Klaus Temmeyer mit fachkundigem Blick das Eisen bearbeitet und es dem Pferd anpasst. Es riecht nach verbranntem Horn, aber dem Pferd scheint es nichts auszumachen. Alle sechs Wochen, erfährt Heike, müssen die Pferde neu beschlagen werden. »Die Hufe sind wie Fingernägel, die wachsen. Sie müssen beschnitten werden, sonst bekommen die Tiere irgendwann Probleme beim Laufen.« Dann besprechen die beiden Pferdemänner, was an diesem Tag noch alles zu tun ist. Wir gehen zum Reitplatz zurück und drehen dort die Abmoderation der Landpartie aus dem Osnabrücker Land. Anschließend schauen wir noch den Pferden

© Maria Kasselmann

Schmied Klaus Temmeyer vom Gestüt Kasselmann bearbeitet die Hufeisen.

und Reitern zu. Wir haben einiges gelernt auf dieser Tour.

Na, Herbert und Du? Auf der Rückfahrt sitzen wir wieder gemeinsam in einem Auto. Herbert ist nachdenklich, aber bester Laune. »Es ist schön, seine Heimat neu zu entdecken. Vieles kannte ich, vieles nicht. Aber mein Blick hat sich für einiges geändert. Ich habe noch mehr Respekt vor den Menschen, die hier leben.« Und dann plaudern wir noch lange über all die Stationen, die wir in den letzten Tagen abgefahren haben. Für uns war es eine gute Landpartie.

Ullrich Kasselmann
Am Borgberg 3
49170 Hagen a. T. W.
Telefon 0 54 01 / 8 92 00
Telefax 0 54 01 / 94 17

Unsere Kurztipps

Wer mal kräftig durchatmen möchte, ist im **Osnabrücker Land** genau richtig. Im Zentrum des beschaulichen Landstriches zwischen Weser und Ems liegt mit über 70 Prozent Waldanteil einer der größten Naturparks Deutschlands. Da das Osnabrücker Land mit 300 Millionen Jahren wechselvoller Erdgeschichte eine außergewöhnliche Vielfalt an geologischen Formationen zu bieten hat, wurde der Naturpark »Nördlicher Teutoburger Wald – Wiehengebirge« im Oktober 2001 in das europäische Netzwerk der Geoparke aufgenommen. Damit ist er neben der Vulkaneifel übrigens der einzige Geopark Deutschlands. Das Osnabrücker Land, das nach der einzigen Großstadt Deutschlands, die inmitten eines Naturparks liegt, benannt wurde, besticht vor allem durch seine abwechslungsreiche Naturlandschaft. Während der südliche und östliche Teil des Osnabrücker Landes von den Höhenzügen des Teutoburger Waldes und des Wiehengebirges geprägt wird, fasziniert der Norden mit sanften Parklandschaften und malerischen Flussauen.

Baum mit »Eingang« im Osnabrücker Land.

Ausgedehnte Spaziergänge auf etwa 100 markierten Wanderwegen oder interessante Erkundungstouren per Rad auf 2.200 Kilometer ausgeschilderten Radwanderwegen in einer waldreichen Region Niedersachsens mit Mooren, Flussniederungen und Feld- und Wiesengebieten versprechen ein ganz besonderes Naturerlebnis. Besonders beliebt bei Wanderern im bergigen Süden des Osnabrücker Landes ist der etwa 100 Kilometer lange Ahornweg. Er verdankt seinen Namen den unterschiedlichen Ahornbaumarten, die an ihm entlang wachsen. In Form einer Acht schlängelt sich zum Beispiel die 60 Kilometer lange Schleife durch die drei Heilbäder Bad Iburg, Bad Rothenfelde, Bad Laer und das »Töpferdorf« Hagen. Sie streift Georgsmarienhütte, die »Stadt im Grünen« und bringt die Wanderer zu den Quellen, die am Südwesthang des Beutlings bei Melle-Wellingholzhausen sprudeln. Eindrucksvolle Rundblicke bieten die fünf Aussichtstürme auf den bewaldeten Bergen des Rundwanderweges.

Tourist-Information Bad Iburg
Schlossstrasse 20, 49186 Bad Iburg
Telefon 0 54 03 / 40 16 12
Telefax 0 54 03 / 60 25
E-Mail: tourist-info@badiburg.de
www.badiburg.de

Nahezu einmalig in Deutschland ist die **Bahnradroute »Teuto-Senne«**: Hier können Radwanderer auf un-

© Ingo Wandmacher

Im schönen Osnabrücker Rathaus tagte 1648 ein großer Friedenskongress.

terschiedliche Weise Bahn- und Radfahren miteinander kombinieren. Und das in beiden Fahrtrichtungen – entweder mit dem »Haller Willem« und der »Sennebahn«. Ihren Namen »Teuto-Senne« verdankt die ausgesprochen anspruchsvolle Tour dem Teutoburger Wald, der die Radwanderer den größten Teil des Weges mit seinen bewaldeten Höhen begleitet und bei Bielefeld schließlich von der heidebewachsenen Senne-Landschaft abgelöst wird. Auf der 140 Kilometer langen Route zwischen den Städten Osnabrück, Bielefeld und Paderborn radelt man an landschaftlichen Schönheiten und sehenswerten Schlössern, Burgen und Kirchen vorbei.

Zu den absoluten Highlights für Radler im Osnabrücker Land zählt die **DiVa-Tour**, mit der man eine Zeitreise zu den Spuren der Dinosaurier und Varus-Legionen unternehmen kann. Der 99 Kilometer lange Rundkurs am Wiehengebirge führt von Bramsche über Ostercappeln nach Bad Essen und am Mittellandkanal entlang wieder zurück bzw. umgekehrt.

Als einer der ersten Radfernwege im Osnabrücker Land entstand die »**Hase-Ems-Tour**«, deren Richtung die Flüsse Hase und Ems angeben. Wer dem Flusslauf folgen möchte, sollte in Melle starten, denn hier befindet sich direkt im Ortsteil Wellingholzhausen die Hasequelle. Etwa 100 Kilometer führen direkt durch den Naturpark im Osnabrücker Land und schließlich weiter über die Friedensstadt Osnabrück bis ins Artland.

Ein Abstecher nach Osnabrück oder in die Tuchmacherstadt Bramsche lohnt sich auf alle Fälle.

Tourismusverband
Osnabrücker Land e. V.
Am Schölerberg 6
49082 Osnabrück
Telefon 05 41 / 9 51 11 95
Telefax 05 41 / 9 51 11 20
E-Mail: tv@osnabruecker-land.de
www.osnabruecker-land.de

© bitter+bredt, Berlin

Felix-Nussbaum Haus (Rückansicht).

Kultureller Anziehungspunkt im Osnabrücker Land ist unbestritten die **Stadt Osnabrück**. Als »Stadt des Westfälischen Friedens« ging sie mit dem ersten gesamteuropäischen Friedenskongress, der 1648 endlich den Dreißigjährigen Krieg beendete, in die internationale Geschichte ein. Viele Schauplätze zeugen noch von dieser bewegenden Geschichte wie zum Beispiel das Rathaus und der Friedenssaal. Auch heute noch fühlen sich die Osnabrücker der Tradition des Westfälischen Friedens in ganz besonderer Weise verpflichtet. So erinnern alljährlich am 25. Ok-

© Lichtenberg

Tuchmacher-Museum Bramsche.

© Gemeinde Hagen a.T.W.

Pure Erholung finden Besucher in Hagen a. T. W.

tober, dem Osnabrücker Friedenstag, bis zu 2000 Vierklässler der Osnabrücker Schulen daran und laufen kostümiert auf selbst gebastelten Steckenpferden durch die Stadt. Das bunte Volksfest ist inzwischen weit über die Stadtgrenzen hinaus bekannt und zieht jedes Jahr viele Besucher an.

Osnabrück Information
Krahnstraße 58
49074 Osnabrück
Telefon 05 41 / 3 23 23 80
Telefax 05 41 / 3 23 27 09
E-Mail:
tourist-information@osnabrueck.de
www.osnabrueck.de

Eine reiche **Museumslandschaft** lockt: Neben dem Felix-Nussbaum-Haus oder dem Museum Industriekultur in Osnabrück gewährt das 1997 in Bramsche eröffnete Tuchmacher-Museum einen imposanten Einblick in die einstmals florierende Textilindustrie der Region. Über 400 Jahre war Bramsche die Stadt der Tuchmacher. So wundert es auch nicht, dass ein begehrter Farbton nach ihr benannt wurde: das »Bramscher Rot«. Das Bramscher Museum ist das einzige Deutschlands, in dem die Verarbeitung von Schafwolle bis zum fertigen Tuch vollständig zu sehen ist. So kann man zum Beispiel alte Webmaschinen bestaunen oder die 18 Arbeitsschritte von der Wolle bis zum Tuch hautnah erleben.

Tuchmacher Museum Bramsche
Mühlenort 6, 49565 Bramsche
Telefon 0 54 61 / 94 51-0
Telefax 0 54 61 / 94 51 15
E-Mail:
info@tuchmachermuseum-bramsche.de
www.tuchmachermuseum-bramsche.de

Einer der schönsten Orte im Osnabrücker Land ist **Hagen am Teutoburger Wald** (a. T. W.), der nicht nur wegen seiner bewaldeten Berge und seinem Schonklima als Geheimtipp für Urlauber gilt. Hagen a. T. W. steht auch für sein traditionelles Töpfereihandwerk – die Hagener belieferten nämlich 500 Jahre lang die gesamte Region mit ihren Schüsseln, Tellern, und Töpfen. Im alten Pfarrhaus des Erholungskurortes wird diese Ge-

© Ingo Wandmacher

Prächtige Gartenanlage von Schloss Ippenburg.

schichte im Hagener Töpfereimuseum lebendig gehalten. Heute ist die keramische Sammlung des Museums die umfangreichste ihrer Art in Norddeutschland. Außerdem findet man in Hagen a. T. W. eine der ältesten und traditionellsten Töpferwerkstätten Norddeutschlands. Die Töpferei Niehenke fertigt bereits in vierter Generation Töpferware im traditionellen Hagener Stil.

Gemeinde Hagen a. T. W.
Schulstraße 13, 49170 Hagen a. T. W.
Telefon 0 54 01 / 9 77-0
Telefax 0 54 01 / 9 77-60
E-Mail: info@hagen-atw.de
www.hagen-atw.de

Im Osten des Osnabrücker Landes lädt das **Thermal-Soleheilbad Bad Essen** zum Verweilen ein. In dem idyllisch gelegenen Ort am Rande des Wiehengebirges findet man nicht nur den schönsten Marktplatz des Osnabrücker Landes – ein malerisches Oval mit der 500 Jahre alten Kirche St. Nikolai und zahlreichen alten Fachwerkhäusern – sondern auch das **Schloss Ippenburg**. Das Herrenhaus ist im Privatbesitz der Familie von dem Bussche-Ippenburg und wurde von 1862 bis 1867 im neugotischen Stil errichtet. Besonders sehenswert ist die 10.000 Quadratmeter große Gartenanlage nach dem Vorbild englischer Cottagegärten gestaltet. Einmal im Jahr öffnen die Schlossbesitzer ihre Tore für Gartenfestivals wie das Festival »Gartenlust und Landvergnügen« – eine Kombination aus dem Garten- und Country Life Festival, mit dem das Schloss Ippenburg seine Sommersaison eröffnet.

Schloss Ippenburg
Philip Freiherr und
Viktoria Freifrau von dem Bussche
49152 Bad Essen
Telefon 0 54 72 / 44 75
Telefax 0 54 72 / 27 64
www.ippenburg.de

Die älteste und schönste Wasserburg findet man im Osnabrücker Land im Luftkurort Bissendorf-Schledehausen. Wehrhaft trotzte die **»Schelenburg«** allen Angriffen in ihrer wechselvollen Geschichte und ist heute ein sehr beliebtes Ausflugsziel. Der älteste Teil der Wasserburg ist der mittelalterliche Wehrturm im gotischen Stil, der auf Eichenpfählen im Wasser steht und kein Kellergeschoss besitzt. Die fast ein Jahrtausend alte Burg ist seit jeher in Familienbesitz. Nach aufwändigen Restaurierungsarbeiten in den 80er Jahren präsentiert sich die »Schelenburg« ihren Besuchern heute in märchenhaftem Glanz. Nach einem kleinen Spaziergang zum nahe gelegenen Försterhaus oder der alten Schlossmühle kann man sich im renovierten Rittersaal des alten Wehrturms oder auf der malerischen Terrasse am Burggraben kulinarisch verwöhnen lassen.

Wasserschloss Schelenburg
49143 Bissendorf-Schledehausen
Telefon 0 54 02 / 74 44
Telefax 0 54 02 / 74 65

In den Süden des Osnabrücker Landes zieht es vor allem Kur-Urlauber, Stressgeplagte oder Wellness-Fans. Nicht ohne Grund, denn in den drei Heilbädern **Bad Rothenfelde, Bad Essen und Bad Iburg** erwartet die Besucher ein breites Angebot an Gesundheits- und Fitnessangeboten. Im Heilbädergarten des Osnabrücker Landes setzt man neben den klassischen Anwendungen auch auf fernöstliche Therapien und individuelle Wohlfühl- und Entspannungsprogramme und die idyllische Lage der Heilbäder inmitten des Geo-Naturparks bringt den Besuchern zusätzliche Erholungseffekte. Besonders reizvoll ist ein Aufenthalt im Kneippheilbad Bad Iburg mit dem mächtigen Schloss, das 600 Jahre lang Sitz der Osnabrücker Fürstbischöfe war. Heute ist Bad Iburg ein moderner Kur- und Erholungsort. Der Dörenberg, mit 331 Metern die höchste Erhebung im Osnabrücker Land, liegt gleich vor der Haustür und vom Hermannsturm haben Spaziergänger einen wunderschönen Ausblick. Mitte April sollte man in jedem Fall den Freeden besuchen, dann überzieht der Lerchensporn seine Hänge mit einem malerischen Blütenteppich in weiß-rosa Farben.

Stadt Bad Iburg
Schlossstraße 20, 49186 Bad Iburg
Telefon 0 54 03 / 40 16 12
Telefax 0 54 03 / 40 16 02 5
E-Mail: tourist-info@badiburg.de
www.bad-iburg.de

© Tourist-Information Bad Iburg

Stilechte Führung für Kinder auf Schloss Iburg.

Wassersportler kommen im Osnabrücker Land jeder Zeit auf ihre Kosten. Vor allem der schöne **Naturbadesee »Kronensee« in Ostercappeln-Schwagstorf** ist eine Reise wert: Ob Baden, Surfen oder Segeln – der inmitten eines bewaldeten Naturschutzgebietes gelegene etwa 40 Hektar große moderne Freizeitpark hat jede Menge Erholung und Freizeitspaß zu bieten – Reiten, Wandern und Radfahren inklusive. Zusätzlich laden auf dem 30 Hektar großen Gelände Wochenendhäuser und ein Campingplatz zu einem Kurzurlaub ein.

Gemeinde Ostercappeln
Gildebrede 1
49179 Ostercappeln
Telefon 0 54 73 / 92 02-0
Telefax 0 54 73 / 92 02-49
www.ostercappeln.de

Freizeitpark Kronensee GmbH & Co. KG
Zum Kronensee 9
49179 Ostercappeln-Schwagstorf
Telefon 0 54 73 / 22 82

Schleswig-Holstein
Mecklenburg-Vorpommern
Hamburg
Bremen
Niedersachsen
Berlin
Brandenburg
Sachsen-Anhalt
Nordrhein-Westfalen
Hiddensee
Trent
Gingst
Ummanz
Samtens
96
Stralsund
105
96
Grimmen
Greifswald

Rügen und Hiddensee

Die Inseln der Seligen

Die Inseln der Seligen

Eine Sommerreise über Rügen und Hiddensee

von Ulrich Koglin

Weiße Kreidefelsen, die steil ins blinkende Meer stürzen, gekrönt von grünem Küstenwald und strahlender Sonnenschein über allem – Rügen präsentiert sich uns in Bestform. Es ist Ende Juli und wir nähern uns Deutschlands größter Insel standesgemäß vom Wasser her. Unser Ziel ist die typische Kreidesteilküste, die vormittags besonders im Sonnenlicht erstrahlen soll.

Heike Götz mit »Seebär« Helmut Wünscher an Bord der »MS Kalinin«.

Wo der Schwedenkönig saß

Wir sind mit dem ganzen Team an Bord der »MS Kalinin«, einem 24 Meter langen Hochseekutter. Am Ruder steht Kapitän Helmut Wünscher, ein Seebär wie aus dem Bilderbuch: Fischerhemd, eine mächtige »Seemannskrause« und auf dem Kopf natürlich eine weiße Kapitänsmütze. Als wir uns Rügens malerischer Kreideküste nähern, wechselt er vom Ruder zum Mikrofon – seine 50 Gäste an Bord sollen schließlich wissen, was Rügens Schokoladenseite zu bieten hat. Wie selbstverständlich legt er in seinem Heimatdialekt los – in lupenreinem Thüringisch.

Ein ganzes Leben lang sei er zur See gefahren, erzählt er, doch seine Kinderstube lässt sich heute noch aus jedem Wort heraushören. Bis zur Wende befuhr Wünscher für die Fischereiflotte der DDR die Weltmeere, unter marktwirtschaftlichen Bedingungen allerdings wurde ein großer Teil der DDR-Fangflotte unrentabel. Gemeinsam mit einigen Kollegen machte sich Helmut Wünscher dann selbstständig, kaufte die »Kalinin« und baute sie zu einem Touristenkutter um.

Wir sind am Ziel: Direkt vor uns ragt der steile »Königstuhl« in den Himmel: Der 117 Meter hohe Kreidefelsen leuchtet blitzend weiß in der Sonne, trägt einige Baumwipfel auf seiner Krone. »Da oben«, erzählt Kapitän Wünscher, »saß anno 1715 der Schwedenkönig ›in der ersten Reihe‹, als er das Seegefecht seiner Flotte mit den Dänen beobachtete. Daher der Name Königstuhl.« Bis in die 60er Jahre hinein sei die Kreide ganz in der Nähe sogar noch abgebaut worden, erfahren wir. Heute wird nur noch im Kreidewerk

◀ Der Leuchtturm bei Putgarten – der nördlichsten Gemeinde Rügens.

Steil ragt der Königsstuhl auf Rügen in den Himmel.

Klementelvitz Kreide gefördert und als »Original Rügener Naturheilkreide« für Kur- und Heilbehandlungen eingesetzt. Die Kreideküste selbst

Seeadmiral Heike hats geschafft und das Kapitäns Patent der »MS Kalinin« erworben.

und der dahinter liegende Wald, ein großer Teil der Halbinsel Jasmund, ist Teil des »Nationalparks Jasmund«. Sogar ein 500 Meter breiter Küstenstreifen gehört dazu, sodass die Angeln erst viel weiter draußen auf See ausgepackt werden dürfen.

Denn neben den Ausflugsfahrten entlang der Kreideküste bis Kap Arkona bieten Kapitän Wünscher und seine Crew auch Angeltörns an. Noch ist zwar nicht ganz die richtige Jahreszeit dafür, aber ein Versuch ist es wert. Fachmännisch erklärt der ehemalige Berufsfischer, wie der so genannte »Pilker«, eine Art künstlicher Fisch mit einem Angelhaken daran, richtig ausgeworfen wird. »Und dann die Schnur immer wieder einholen, damit der Köder sich im Wasser wie ein richtiger Fisch bewegt,« rät Kapitän Wünscher. Allerdings, trotz etlicher Versuche, ist uns das Anglerglück heute nicht hold. Bei dem schönen Sommerwetter haben die Fische offensichtlich keine Lust zu beißen. »Am meisten fangen wir immer im Herbst, wenn das Wasser etwas kälter ist«, meint Helmut Wünscher schon fast entschuldigend und drängt zum Aufbruch.

Angeln steht heute eigentlich gar nicht auf dem Programm und er soll rechtzeitig wieder im Hafen sein, um die Gäste für die nächste Tour aufzunehmen.
Und dann kommt Heikes große Prüfung: Zurück im Ruderhaus der »MS Kalinin« soll sie gleich das Ruder übernehmen. »Das Wichtigste vorweg«, erklärt Kapitän Wünscher, »der Mast muss immer vorne bleiben – denn wenn er hinten ist, fahren wir rückwärts. Und hier«, der Kapitän zeigt auf den Kompass, »da steuern Sie jetzt genau 170 Grad, dann kommen wir auch wieder zurück nach Sassnitz. Immer ruhig bleiben und nach vorn gucken!« Konzentriert versucht Heike, die »MS Kalinin« auf Kurs zu halten. Gar nicht so einfach, denn Wellen und Strömung machen immer wieder kleine Korrekturen mit dem riesigen Steuerrad erforderlich. Und schon ist es passiert: Ein Lichtblitz und nach einer kurzen Schrecksekunde ist klar, Kapitän Wünscher hat Heikes Ruderbemühungen mit der Fotokamera dokumentiert. Fast feierlich wird es, als er ihr mit markigen Worten dann das Kapitänspatent der »MS Kalinin« samt Foto überreicht. »Der Inhaber dieses Patents ist berechtigt, auf allen großen Ozeanen, wie der Ost- und Nordsee, sowie auf allen nassen Wiesen wie Atlantischer und Indischer Ozean, selbst allen Teichen, Tümpeln und kleineren Flüssen wie Nil, Rhein, Amazonas usw. den Titel eines »Seeadmirals« zu führen. Der Inhaber wurde auf den Namen »Käpt'n Heike« getauft.«

So qualifiziert, kann Heike auf der einstigen »See- und Strandräuberinsel« Rügen auf Erkundungstour gehen. Während Kapitän Wünscher an der langen Hafenmole von Sassnitz schnell noch die schon wartenden Passagiere aufnimmt, radelt Heike langsam an den vielen Ticketverkaufsstellen vorbei auf die Insel. Zu unterschiedlichen Abfahrtzeiten bieten die verschiedensten Schiffe Törns »rund um Rügen« an. Aber jetzt heißt es für uns, die Insel selbst zu erkunden.

Hochseekutter Kalinin
KTG Kalinin Touristik GmbH
Helmut Wünscher
Kapitänsweg 4
18546 Sassnitz
Telefon und Telefax 03 83 92 / 3 21 90
Mobil 0171 / 7 25 82 34
E-Mail: kalinin-sassnitz@t-online.de
www.kalinin-sassnitz.de

Anbieter von Kuttertouren entlang der Rügenschen Kreideküste, Angelfahrten, Charter- und Mondscheintouren. Der Kutter bietet bis zu 50 Personen Platz. Kapitän Wünscher und seine Crew infomieren fachmännisch über die Region.

Hofgut Bisdamitz – preisgekrönt

Gleich nördlich von Sassnitz liegen die legendären Kreidefelsen im Nationalpark Jasmund, in dem man sich nur auf den markierten Wanderwegen bewegen darf. Angesichts der Menschenmassen, die sich auf dem Landweg zum berühmten »Königstuhl« schieben, sind wir froh, dass wir Rügens berühmtestes Wahrzeichen in aller Ruhe vom Wasser aus genießen konnten. Vom natürlich kostenpflichtigen Großparkplatz in Hagen verkehrt ein ebenfalls kostenpflichtiger Pendelbus zum »Königstuhl«. Etwas abseits des Haupttrampelpfades allerdings gibt es auf etlichen Seitenwegen glücklicherweise genügend Gelegenheiten, doch noch etwas von der Stille und Unberührtheit dieser ursprünglichen Naturlandschaft mit der spektakulären Steilküste zu atmen.

Rolf Haug vom Hofgut Bisdamitz holt mit Heike die Schafe von der Weide.

Heike folgt auf dieser Etappe Rügens dem »Radfernweg Nr. 6«, einer insgesamt 270 Kilometer langen Fahrradtour rund um die Insel, die hervorragend ausgeschildert ist. Auf dem Weg von Sassnitz über Lohme Richtung Glowe erreichen wir nach knapp 20 Kilometern den kleinen Ort Bisdamitz. Gleich an der Straße liegt einladend der neu gebaute Hofladen mit dem großzügig und modern ausgestatteten Restaurant des Hofguts Bisdamitz. Weit über die Insel hinaus ist der Biohof bekannt für seine hervorragenden Käsespezialitäten. Ein herzhaftes »Grüß Gott!«, schallt Heike entgegen, als sie einen der Betreiber des Hofgutes trifft. Rolf Haug entspricht äußerlich so gar nicht dem Vorurteil vom asketischen Rohköstler. Schon auf den ersten Blick ist klar, dass es auf dem Bioland-Hof nicht nur um ökologisch produzierte Lebensmittel geht, sondern auch um guten Geschmack. Den Sinn dafür hat Rolf Haug ganz offensichtlich aus Süddeutschland mitgebracht. »Ich stamme ursprünglich aus dem Schwarzwald,« klärt er die verblüffte Heike auf, »der Hof war 1994 zur Verpachtung ausgeschrieben und da haben wir uns mit drei Familien zusammen um die Bewirtschaftung beworben.« So ganz fremd war dem gebürtigen Schwarzwälder der hohe Norden damals bereits nicht mehr, immerhin lebte er mit seiner Frau etliche Jahre zuvor auf der nordfriesischen Hallig Hooge.

Drei köstliche Käsespezialitäten aus Bisdamitz.

Rolf Haug kümmert sich um die 200 Milchschafe des Betriebs, ist gerade auf dem Weg, sie zum Melken in den Stall zu führen. Wir haben schnell unsere Kameras bereit und schon kann es losgehen. Während Rolf Haug gemeinsam mit Heike und den Schafen zum Stall geht, erfährt Heike, dass auf dem 220 Hektar großen Betrieb außer den Milchschafen auch noch Milchkühe, Fleischschafe, ein paar Schweine gibt und insgesamt 16 Menschen leben und arbeiten. Für diese »nachhaltige Belebung des ländlichen Raums« wurde der Betrieb sogar mit dem renommierten »Agrar-Kulturpreis« der Schweisfurth-Stiftung ausgezeichnet. Im Stall angekommen, werden die Schafe nacheinander gleich an die moderne Melkmaschine angeschlossen. »Wir verarbeiten die gesamte Milch zu Käse«, erklärt Rolf Haug, während auch Heike fast wie selbstverständlich die Sauger des Melkgeschirrs ansetzt. »Der kleine Störtebeker«, Frischkäse und Schafsfrischkäse – drei Sorten Schafskäse stehen auf dem Programm.

Brigitte Haug erzählt von der Käsepflege.

Einige Räume weiter treffen wir dann im Reiferaum Brigitte Haug, die dabei ist, den selbst produzierten Käse zu »pflegen«. »Wir müssen die Käselaibe täglich mit einer Rotschmierekultur abwischen und wenden. Im Hofrestaurant schließlich dürfen wir dann alle etwas Käse probieren. In dem lichtdurchfluteten großzügigen Raum bereitet Brigitte Haug mit leichter Hand eine leckere

Der Hofladen Bisdamitz bietet Bioland-Produkte aus eigener Herstellung.

Käseplatte mit Schafs- und Kuhmilchkäsespezialitäten des Hauses. Ob mit oder ohne Rinde – der Biokäse schmeckt nicht nur Heike ausgezeichnet. Natürlich stehen auch weitere Gerichte für den kleinen und großen Hunger auf der Karte. Wer noch weiter will oder muss, kann sich in dem gut sortierten Laden nebenan hervorragend eindecken – von den selbst produzierten Käsespezialitäten über Brot, Wurst bis hin zu den zugekauften Waren wie Südfrüchte oder Müslimischungen – alles im Laden in Bisdamitz ist natürlich ökologisch produziert.

Hofgut Bisdamitz
Dorfstraße 1
18551 Bisdamitz
Telefon 03 83 02 / 92 07
Telefax 03 83 02 / 9 01 99
E-Mail: vertrieb@hofgut-bisdamitz.de
www.hofgut-bisdamitz.de

Das Hofgut Bisdamitz wirtschaftet biologisch nach den Bedingungen des Ökoverbandes Bioland. Berühmt ist der Betrieb für seine Käsespezialitäten, die im Hofladen, auf Wochenmärkten der Region und vielen Käsefachgeschäften bundesweit verkauft werden. Auf dem Hofgut gibt es ein modern eingerichtetes Hofrestaurant und natürlich einen Hofladen mit einem Vollsortiment, in dem auch alle Produkte des Betriebe angeboten werden. Öffnungszeiten in der Saison täglich von 9.00–20.00 Uhr, sonst von 9.00–18.00 Uhr.

Peters Thomas und Peters Norman

Eigentlich lebt die Fischerfamilie Peters in Polchow, direkt am »Großen Jasmunder Bodden«. Dort liegt ihr schmucker und modern ausgestatteter Verarbeitungsbetrieb, in dem die Fische fangfrisch verarbeitet und natürlich auch probiert werden können. Heute früh allerdings soll es nicht auf den Bodden gehen, sondern hinaus auf die Ostsee. Thomas und Norman Peters, die Söhne des Hauses, haben uns gleich nach Glowe bestellt – um 4.00 Uhr morgens. Bäcker und Fischer, daran haben wir uns inzwischen gewöhnen müssen, sind notorische Frühaufsteher.

Ausnahmsweise dürfen wir mit unseren Kamerawagen über den Strand bis auf die Mole fahren, wo der kleine Kutter der Peters liegt. Es weht an diesem Morgen relativ wenig Wind, aber es geht eine heftige Dünung. »Wir haben jetzt 3 bis 4 Windstärken, aber aus Nordost. Das heißt immer etwas Seegang«, beschwichtigt Thomas Peters. Doch kaum haben wir das geschützte Hafenbecken verlassen, beginnt der kleine Kutter heftig zu schwanken, die lang gezogenen Wellen zeigen ihre Wirkung. Langsam werden einige an Bord doch etwas blass, denken an den leeren Magen und was darin demnächst wohl passieren könnte!

Glücklicherweise haben wir nach relativ kurzer Fahrt schon das erste Stellnetz erreicht und Heike kann gemeinsam mit Thomas Peters mit dem Fischzug beginnen. Per Motorwinde holt der junge Fischer zunächst die Markierungstonne und dann das daran befestigte Netz vorsichtig an Bord. Heike soll gleich mithelfen, das Netz zu sortieren. Es geht um eine Ostseespezialität – Flundern. »Ist das nur ein anderer Ausdruck für Schollen?«, will Heike wissen. Ist es natürlich nicht: »Die Flunder hat eine ganz raue Haut,« erklärt Thomas Peters, während er einem der kleinen Plattfische über den Rücken streicht. »Wenn man sie anfasst, fühlt sie sich sandig an. Schollen dagegen sind ganz glatt!« Dank der genau gewählten Maschen-

Der Peterssche Fischkutter im Hafen von Polchow.

weite sind ausschließlich Flundern im Netz hängen geblieben. »Ab und zu finden wir auch mal einen Dorsch,« erzählt Thomas Peters, »aber das sind dann die doofen Dorsche, die mit offenem Maul 'rumschwimmen«, meint er augenzwinkernd. Nach und nach holen Heike und Thomas Peters das ganze Netz an Bord, während Norman Peters den Kutter auf Kurs hält. Die beiden Brüder sind mit Leib und Seele Fischer, setzen damit eine über hundertjährige Familientradition fort.

Inzwischen ist die Sonne aufgegangen und wir sind zur Erleichterung der »Landratten« an Bord wieder im sicheren Hafenbecken. »Jetzt beginnt die richtige Arbeit!«, frohlockt Thomas Peters schmunzelnd, »auf See, das ist für uns Vergnügen.« Mit geübten Handgriffen weiht er Heike in die Kunst ein, die Flundern aus dem vielmaschigen Netz zu lösen. »Einfach etwas die Maschen spreizen, die Flunder biegen und dann …«, schon hält er eine der Flundern in der Hand. Es kommt eine erkleckliche Menge zusammen, die Fischer sind mit dem Fang zufrieden. Während Heike, mittlerweile auch im Flundern auspulen geübt, die Fischkisten füllt, kommen die ersten glücklosen Angler an die Mole, um nicht mit ganz leeren Händen nach Hause zu kommen. »Den größten Teil der Flundern verkaufen

Thomas und Norman Peters macht das Fischen Spaß.

Ostseeflundern gehen reichlich ins Netz.

wir aber nicht vom Kutter aus, sondern in unserem Laden in Polchow und in etlichen Verkaufsfilialen auf Rügen selbst«, erzählt Thomas Peters, »und natürlich beliefern wir die Restaurants der Insel. Geräuchert schmecken die Flundern übrigens auch hervorragend!« Dabei lautet das Motto: »Blond, mild und frisch«, denn die Peters arbeiten mit einem speziellen Räucherverfahren, bei dem kein Fett in das Feuer tropfen kann. Dadurch können sich keine verbrannten Fettrückstände auf dem Räucherfisch niederschlagen. Für die Peters ist dieses computergesteuerte Verfahren geschmacklich und gesundheitlich allen anderen Methoden überlegen.

Wir lassen uns an der Mole eine große Tüte der fangfrischen Flundern mitgeben und spielen Kurierservice. Denn unsere nächste Station ist das Restaurant Meeresblick in Göhren, ganz im Südosten der Insel. Wir dürfen dem Küchenchef Peter Knobloch über die Schulter gucken, wenn er Flunderrouladen bereitet.

Fischerfamilie Peters
Peters Fisch
Dorfstraße 38
18551 Polchow auf Rügen
Telefon 03 83 02 / 7 80 30
Telefax 03 83 02 / 7 80 31
www.peters-fisch.de

Alteingesessene Rügener Fischerfamilie, die sowohl in der Ostsee, als auch in den Boddengewässern auf Fangfahrt geht. In Polchow unterhält die Familie einen modernen Verarbeitungsbetrieb mit Fischbistro.
Öffnungszeiten: Mo–Fr 8.00–18.00 Uhr, sonnabends von 8.00–12.00 Uhr, in der Saison sonnabends bis 16.00 Uhr.

Der Koch und seine Kräuterwiese

Als Heike ihr Fahrrad den steilen Hang vom Strand zum »Hotel Meeresblick« in Göhren hochschiebt, bietet sich ihr ein verblüffender Anblick: Weiß gekleidete Menschen schreiten langsam prüfenden Blickes die hügelige Wiese zwischen Hotel und Meer ab. Als wir näher kommen, erkennen wir Chefkoch Peter Knobloch, der mit zwei Lehrlingen offensichtlich Unkraut zupft – in voller Kochmontur. »Wir machen das ganz bewusst in unser Dienstkleidung,« erklärt er, »dann können uns die Gäste sofort erkennen und ansprechen.« Peter Knobloch ist nämlich, wie sich herausstellt, auf Kräutersuche. »Wir sammeln die Kräuter auf unserer weitgehend naturbelassenen Wiese, weil es uns zu mühselig ist, solche Kräuter anzubauen. Rügen hat so eine tolle Natur, dass wir unsere Küchenkräuter am liebsten aus der Natur holen.« Peter Knobloch, der sich ganz besonders für regionale Spezialitäten erwärmen kann, gilt längst schon als einer der besten und engagiertesten Köche in Mecklenburg-Vorpommern und ist weit darüber hinaus bekannt. Dank seiner Kochregie rangiert das Restaurant des Hotels »Meeresblick« unter den 50 besten Deutschlands, wenn man den übereinstimmenden Urteilen der einschlägigen Restaurantführer glauben will.

Das vermeintliche Unkraut im Körbchen entpuppt sich schnell als eine Sammlung delikater Köstlichkeiten. »Schmecken Sie mal, das ist eine wilde Karotte«, fordert er Heike auf und hält ihr eine mit kleinen

Peter Knobloch, einer der besten Köche in Mecklenburg-Vorpommern, zupft seine Kräuter noch selbst.

weißen Blüten übersäte Pflanze hin. »Das sind naturbelassene Geschmacksnuancen, die man sonst gar nicht mehr kennt.« Heike, die mutig und mit wachsendem Interesse probiert, nickt zustimmend. »Ich würde von allein nie auf die Idee kommen, auf einer Wiese irgendwelche Pflanzen zu probieren«, meint sie verblüfft und staunt über den intensiven

Gesammelte Wildkräuter für leckere Gerichte.

Koch Knobloch zeigt Heike Wildkräuter von einer naturbelassenen Wiese.

Geschmack. »Nehmen Sie hier den Wiesenkerbel«, bietet Peter Knobloch an, »auch der ist mit der Karotte weitläufig verwandt, hat allerdings kleine, eher helle schmale Rüben, schmeckt etwas kräftiger und hat leichte Bitteraromen. Das Interessante daran ist, dass diese Bitteraromen oft sehr Appetit anregend sind. Wir bereiten daraus gern Salate, die wir zwischen den Gängen eines Menüs reichen. Gleichzeitig präsentieren wir unseren Gästen damit ein wahres Stück Rügen.«

Längst haben sich die beiden auf der Wiese hingehockt, Peter Knobloch pflückt scheinbar willkürlich immer wieder neue Kräutervarianten um sich herum und Heike isst, was ihr dargeboten wird. »Wir ernten täglich hier und sind oft selbst überrascht, was uns die Natur hier draußen serviert,« schwärmt der Gourmetkoch von seiner Wiese. »Nehmen Sie hier die Schafsgabe, oder den Sauerampfer: Solche Kräuter schmecken frisch geerntet am besten, denn sie enthalten ätherische Öle, die bei Wärme sehr schnell verfliegen können. Oder hier, der wilde Schnittlauch, sehen Sie nur.« Peter Knoblochs Begeisterung für das »Kaninchenfutter« überträgt sich schnell auf das ganze Team – unter seiner fachkundigen Anleitung kauen bald alle mit zunehmender Begeisterung auf irgendwelchen (Un-)Kräutern herum. Im Umkreis weniger Quadratmeter findet Peter Knobloch in Windeseile mehr essbare Kräuter, als es Gewürze in den meisten Supermärkten gibt.

Auf dem Weg zur Küche – schließlich wollen die von Heike mitgebrachten Flundern noch verarbeitet sein – zeigt Peter Knobloch schnell noch auf einige wilde Pflaumenbäume. »Die haben sich hier irgendwann mit Hilfe der Vögel ausgesät. Diese Wildpflaumen haben ein unvergleichbares Aroma!« Und schon sehen wir etliche seiner Lehrlinge, die mit Hilfe alter Bettlaken die abgeschüttelten Pflaumen auffangen: Zwei halten das Laken, einer schüttelt. »Die Methode haben wir uns bei den Olivenbauern in der Toskana abgeguckt – die arbeiten dort mit Netzen, um die abgeschüttelten Oliven nicht mühselig aus dem tiefen Gras auflesen zu müssen.« In Windeseile haben die jungen Mitarbeiter üppige Mengen an Wildpflaumen zusammen. »Beim Einkochen oder bei der Marmeladeherstellung geht leider viel des feinen Aromas verloren – deshalb arbeiten wir hier mit der «Ersten Rügener Edeldestillerie» zusammen, produzieren jedes Jahr eine kleine Auflage Pflaumenschnaps – jede der wenigen Dutzend Flaschen ist nummeriert!«

Schließlich gelangen wir doch noch in die Küche des Gourmetrestaurants. Mit geübten Handgriffen löst Peter Knobloch die Filets von den Schollen, während Heike die Vorspeisenteller mit den gewaschenen Wildkräutern dekoriert. Im Hintergrund arbeitet das Kochteam, denn Peter Knobloch legt großen Wert darauf, dass seine Kochkunst erst durch die Zusammenarbeit der ganzen Mannschaft möglich wird. Für ihn ist die Arbeit im Restaurant fast schon ein Hobby, sein Ehrgeiz liegt heute vor allem in der Ausbildung von Jungköchen. Er ist stolz, mittlerweile seine Kochkunst als Berufsschullehrer weiterzugeben. Das bekam jüngst auch Prinz Charles zu spüren: Während seines Inselbesuchs auf Rügen wurden er und sein Gefolge von den Jungköchen um Peter Knobloch lukullisch verwöhnt – unter anderem gehörten auch Rügener Wildkräuter und die Flunderroulade zum Menü. »Was wir hier jetzt zubereiten, das ist genau die Vorspeise, die auch Prinz Charles bekommen hat«, erzählt Peter Knobloch beiläufig, »ich hatte schon fast überlegt, die Flunderroulade ›Prinzenrolle‹ zu nennen, aber die gibt es ja leider schon in anderer Form.«

Natürlich darf Heike auch auf der schönen Restaurant-Terrasse mit Blick auf die Ostsee die ›Prinzenrolle‹ probieren und lässt sich gleich noch die Adresse der »Ersten Rügener Edeldestillerie« mitgeben.

Hotel & Restaurant »Meeresblick«
Peter Knobloch
Friedrichstr. 2
18586 Göhren/Rügen
Telefon 03 83 08 / 56 50
Telefax 03 83 08 / 56 52 00
E-Mail: Hotel.Meeresblick@avr.de
www.avr.de

Peter Knobloch gilt als einer der besten Köche in Mecklenburg-Vorpommern. Er ist berühmt für seine feine Kochkunst, mit der er Zutaten aus der Region veredelt. Selbst Prinz Charles wurde während seines Besuchs auf der Insel von ihm u.a. mit einem Salat aus Rügener Wildkräutern und der Flunderroulade verwöhnt. Zusammen mit André Vujtech kocht er im Restaurant des 1999 eröffneten Hotels »Meeresblick« in Göhren auf der idyllisch gelegenen Halbinsel Mönchsgut.

Leckere Blüten für den Salat liefert die Kapuzinerkresse.

Rezept:

Roulade von Flunderfilet und Meerforelle mit Karottenmantel im Wiesenkräuternest

Zutaten (für 4 Personen)
300 g Flunderfilet, 200 g Filet von Meerforelle oder Lachs, 300 g Fischfarce, 2 große Karotten, Salz, Pfeffer

Zubereitung
Karotten putzen und schälen. Mit dem Sparschäler längs in dünne Scheiben teilen, dann in Salzwasser blanchieren und in Eiswasser abschrecken. Auf ein Küchentuch geben, abtupfen und umgedreht auf Klarsichtfolie legen. Die entstandene Karottenmatte mit Fischfarce dünn bestreichen, die gewürzten Fischfilets darauf platzieren und die Filets mit der restlichen Fischfarce umhüllen. Alles zu eine Rolle formen, in Klarsichtfolie fest einschlagen und mit Aluminiumfolie stabil umhüllen. Diese Roulade bei 85 Grad etwa 30 Minuten im Wasserbad gar ziehen lassen. Danach sofort ins Eiswasser geben.

Wiesenkräuternest
400 g Wiesenkräuter (Vogelmiere, Sauerampfer, Giersch, Schafsgabe, große Fetthenne, wilde Karotte, Malvenblätter, Blätter der Kapuzinerkresse, Spitzwegerich, Wiesenkerbel, Klee und andere)

Blütenmischung
Gänseblümchen, gemeiner Lein, Malve, Ackerstiefmütterchen, Glockenblume, Ringelblumen, Blüte des Borretsch, Blüte der Kapuzinerkresse

Tomatendressing
Reife Tomaten mit etwas Balsamessig sowie Salz, Zucker und Pfeffer im Becher mit dem Mixer pürieren. Dabei nach und nach ein kalt gepresstes Öl (Raps oder Olive) bis zur leichten Bindung untermischen. Wenn das Dressing besonders fein werden soll, durch ein Sieb streichen.

Anrichten
Auf einem großen Teller werden alle Kräuter und Blüten als Kranz angerichtet. Zum Schluss werden Scheiben von der Fischroulade in der Mitte plaziert.

Tipp:
Das Dressing immer extra reichen, damit der Gast die Möglichkeit bekommt, die Kräuter und Blüten mal ohne und schließlich mit Dressing zu probieren.

Guten Appetit!

Edles aus der Destillerie

Um zur »Ersten Rügener Edeldestillerie« zu kommen, queren wir einmal die Insel. Kurz vor der ganz im Westen gelegenen Insel Ummanz brauchen wir in Lieschow nur noch den Hinweisschildern zu folgen und gelangen schließlich zu einem komplett renovierten Fachwerkhaus. Direkt davor liegt eine kleine Plantage junger Apfelbäume. Sie sind der ganze Stolz von Rainer Hessenius, dem Initiator der Edeldestillerie, der Heike gleich die verschiedenen Apfelsorten zeigt. »Wir legen allergrößten Wert auf die Qualität unseres Obstes. Nur aus besten Früchten kann man auch beste Obstbrände destillieren!« Der Gourmet räumt auch mit dem Vorurteil auf, eine Schnapsbrennerei diene nur der Verwertung von Fallobst. Nur die geschmackvollsten Früchte eigneten sich für seine Edeldestillerie. »Angegammeltes Fallobst kommt bei uns

Der ganze Stolz von Rainer Hessenius ist die junge Apfelbaumplantage, die gute Früchte für seine Obstbrände liefert.

nicht in das Fass.« Es sind ganz bestimmte Sorten, die sich für die Schnapsherstellung besonders eignen. »Das hier zum Beispiel ist ein Ontario« erklärt er, als Heike fragend auf eines der Apfelbäumchen zeigt. »Der ist um 1860 aus Nordamerika nach Norddeutschland gekommen. Das ist ein sehr später Apfel, geschmacksreif erst im Februar. Solche Sorten haben früher auf den Höfen dafür gesorgt, dass es auch im Winter Vitamine gab – edelstes Obst für beste Brände.« Gerade solche geschmacksintensiven Sortenwie wie »Gelber Richard« oder der »Pommersche Krummstiel« sind für den Obstbrand besonders geeignet. Aber es gibt auch Ausnahmen: »Nehmen Sie nur den allseits so beliebten Boskop-Apfel. Für Apfelkuchen ist der hervorragend, nur ein guter Obstbrand lässt sich aus ihm nicht machen.«

So langsam bekommen wir eine Ahnung, wie ernst der Begriff »Edeldestillerie« gemeint ist. Rainer Hessenius, von Haus aus Gastronom, Koch- und Küchenmeister, verwirklicht auf Rügen einen alten Traum, den Traum vom perfekten Geschmack. Er hat viel Geld in seine hochmoderne Brennerei gesteckt, die einerseits den High-Tech-Ansprüchen des 21. Jahrhunderts gerecht wird, andererseits den traditionellen Verfahren der Brennereikunst entspricht. Als wir auf Rügen drehen, hat die Apfelsaison noch nicht begonnen. Was uns Rainer Hessenius gern gezeigt hätte, die sorgfältige Auswahl der selbst geernteten oder angelieferten Früchte, lässt sich also nicht vor laufender Kamera präsentieren.

Dafür ist gerade ein großer Tank mit zerkleinerten Früchten soweit vergoren, dass die so genannte Maische in den Brennapparat gefüllt werden kann. »Der Fruchtzucker ist in den letzten vier Wochen zu Alkohol vergoren«, erklärt Rainer Hessenius. Doch bevor es losgehen kann, bestimmt er noch den Restzuckergehalt. »So ein bisschen Chemie gehört dazu«, schmunzelt er, als er Heikes erstauntes Gesicht sieht.

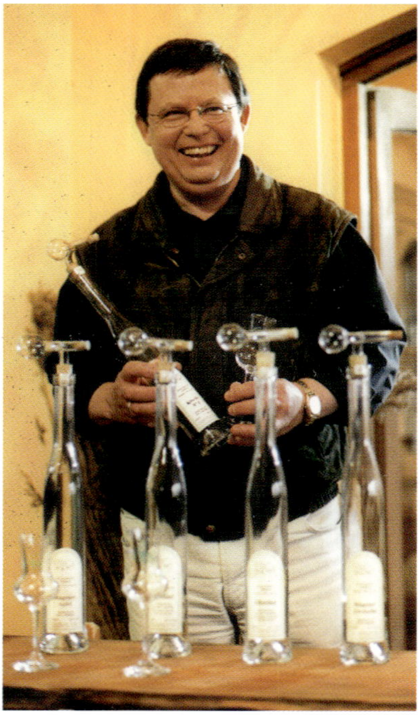

Der Chef sorgt gerne selbst für den erlesenen Geschmack seiner hochprozentigen Brände.

Rügener Liköre der »Ersten Edeldestillerie auf Rügen«.

Denn von innen sieht es in der kleinen Brennerei richtig gemütlich aus. Der kupferne Brennkessel, umrahmt von roten Backsteinen, erinnert fast an ein gemütliches Kaminzimmer. »Das soll tatsächlich wohnlich sein,« erzählt der Brennmeister, während die Maische in den Kessel läuft. »Wenn der Brenntag erstmal begonnen hat, dauert er zwölf bis vierzehn Stunden, dann kann ich hier nicht mehr weg.« Obwohl die nostalgisch anmutende Brennanlage mit den vielen Anzeigeinstrumenten auch mit Hilfe eines Computers arbeitet, gehören zum perfekten Obstbrand auch heute noch offensichtlich viel Erfahrung und Fingerspitzengefühl. »Das lässt sich natürlich auch alles beschleunigen und kostengünstiger produzieren,« erklärt der Brennmeister, »aber dann sind die Fruchtkomponenten im Geschmack durch die Temperatur geschädigt. Und auf Geschmack legen wir den allergrößten Wert!« Deshalb sind alle Flaschen auch jahrgangsetikettiert, denn je nach Witterung kann der Geschmack der Früchte und damit der Brände von Jahr zu Jahr unterschiedlich ausfallen.

Während im Hintergrund langsam der Brennvorgang beginnt, können wir im Nebenzimmer mit Blick auf die Anlage schon mal die Ergebnisse der letzten Monate probieren. In dem kleinen Verkaufsraum steht eine ganze Reihe verschiedenster Obstbrände. Die meisten der 0,35-Liter-Flaschen kosten so zwischen 20 und 25 Euro. »In jeder Flasche von unseren Bränden stecken die Aromen von mindestens acht bis neun Kilo Tafelobst, natürlich alles handverlesen!«, erzählt Rainer Hessenius, während er kräftig vor laufenden Kameras ausschenkt. Heike probiert tapfer und reicht die angebotenen

Gläser auch gern an die Teamkollegen weiter. Wir sind froh, dass wir heute keinen weiteren Dreh haben, denn auch diejenigen, die sonst keine »harten Sachen« trinken, kommen angesichts der edlen Brände schnell auf den Geschmack.

Erste Edeldestillerie auf Rügen GmbH
Rainer Hessenius
Lieschow 17, 8569 Lieschow
Telefon 03 83 05 / 5 53 00
Telefax 03 83 05 / 5 52 97
E-Mail: info.edeleldestillerie@t-online.de
www.edeldestillerie.de

Rainer Hessenius hat sich als passionierter Gastronom auf die Herstellung sortenreiner Obstbrände spezialisiert, die er auf einer hochmodernen Anlage auf handwerkliche Art so produziert, dass möglichst viele der Fruchtaromen konserviert werden. Die Brennerei kann besichtigt werden und natürlich dürfen die edlen Brände gegen einen kleinen Obolus auch probiert werden. Die »Erste Edeldestillerie auf Rügen« beliefert bundesweit Spitzenrestaurants und Privatkunden.
Öffnungzeiten: April bis Oktober täglich von 10.00–18.00 Uhr, November bis März Freitag 10.00–16.00 Uhr.

Familientag im Schweinekino

Schon beim üblichen Stau auf dem Rügendamm, gleich hinter Stralsund, hat uns der »Rügener Schweinekurier« (Untertitel: »überfällig, abgehangen, unverzichtbar, grunz«), verteilt von einigen Schülern, neugierig gemacht. Die Zeitung im DIN A4-Format will Feriengäste mit Schlagzeilen wie »Die große Sauerei ist geschehen!« oder »Die große Schweine-Show« auf den abgelegenen Hof von »Bauer Lange®« locken. Und da wir, angelockt durch die »Erste Rügener Edeldestillerie« ohnehin im Westen Rügens, kurz vor der Insel Ummanz, unterwegs sind, liegt der Besuch bei Bauer Lange in Lieschow wirklich nah.

Als wir ihn dann entdecken, hat Bauer Lange richtig Stress. Nicht unseretwegen, sondern wegen der Erntezeit. Das gute Wetter will genutzt sein. »Kommt doch einfach mit!«, lädt Thomas Lange, der Juniorchef des Hauses, uns spontan ein, »ich will gerade mit dem Mäh-

Mit dem riesigen Mähdrescher erntet Bauer Thomas Lange die Grassamen für die nächste Saat.

drescher los«. Für Heike ist in der engen Mähdrescherkabine gerade noch Platz. Nur Ekkhard Schone muss samt Kamera draußen bleiben, findet schließlich doch noch auf der steilen Leiter einen Platz, von dem aus er, gesichert mit einem Gurt, die beiden Mähdrescherfahrer noch drehen kann.

Mit einem Ruck setzt sich das riesige Erntegerät in Bewegung. Allerdings – von Getreide ist weit und breit nichts zu sehen. »Wir ernten hier Gras«, erklärt Thomas Lange, »genau genommen die Grassamen, die man später dann wieder aussäen kann, um Futtergras anzubauen.« Auch grüne Weiden, auf denen Kühe grasen sollen oder Heu geerntet werden kann, wollen angelegt sein. Für seine Grassamen hat Bauer Lange feste Abnehmer, die das Saatgut aufbereiten, also trocknen und reinigen. »Für meinen Vorgarten muss ich wohl andere Grassaat nehmen?«, will Heike wissen. »Nö, dafür geht das auch, grün wird es auf jeden Fall und wenn Sie immer fleißig mähen, wächst herrlicher Rasen!«, schwärmt Thomas Lange. Im Vergleich zum Getreideanbau bringen Grassamen zwar nicht so viel ein, »aber Sie können das nicht nur auf ein Jahr gerechnet sehen,« begründet der Jungbauer den Grasanbau, »es gibt da so ein Sprichwort, das heißt ›reiche Väter – arme Söhne‹. Aber als Teil der Fruchtfolge zwischen Weizen und Raps tut Gras der Ackergesundheit sehr gut. Und der Aufwand an Pflanzenschutzmitteln und Dünger ist bei Gras viel geringer als bei anderen Ackerkulturen.«

Welche Qualität haben die Samen diesmal? Bauer Lange prüft.

Inzwischen ist der Körnertank des Mähdreschers voll, Vater Lange kommt mit Trecker und Anhänger, damit die Grassamen umgeladen werden können. Thomas Lange nimmt die kurze Pause zum Anlass, Heike zum Mittagessen auf den Hof einzuladen. »Kommen Sie mit zum Pellkartoffeln essen und gucken Sie sich den Hof an. Bauer Lange macht ja noch ein bisschen mehr als nur Feldarbeit«, meint er augenzwinkernd, »das Essen haben wir uns ja verdient!«

Auf dem Hof springt Heike als erstes das Schild »Dumperfahrschule« ins Auge. Daneben steht so etwas wie ein zu groß geratener Aufsitzrasenmäher mit einer großen Kippmulde vor dem Lenkrad. »Das ist ein DDR-Baufahrzeug«, erklärt Thomas Lange. »Wer will, der kann damit hier fahren. Davon gibt es

Hereinspaziert ins Schweinekino in Lieschow. Nur große »Schweine« zahlen hier Eintritt!

nicht mehr viele. Wir veranstalten hier sogar einmal im Jahr ein Dumperrennen, da waren das letzte Mal 21 Dumper am Start.« Und dann gehts los mit dem Mittagessen. In einer großen Wanne auf einem verzinkten Metallgestell, in der sich eine Waschtrommel mit einer Kurbel dran befindet, darf Heike erstmal Kartoffeln waschen. »Diese Kartoffelwaschmaschine ist wohl über 60 Jahre alt«, schwärmt Thomas Lange, »und sie funktioniert immer noch perfekt!« Ruckzuck hat Heike die Kartoffeln sauber abgewaschen – die Portion reicht gleich für das gesamte Fernsehteam. »Das sind junge Kartoffeln, die kann man mit Schale essen. Schälen ist nicht mehr nötig!«

Im ehemaligen Stallgebäude wird wenig später serviert. In dem großzügigen und rustikal-gemütlich eingerichteten Hofrestaurant fühlen wir uns nach getaner Arbeit richtig wohl. »Hier waren früher die Kühe drin, später hatten wir Schweine – aber Rügen und Schweine in größerer Zahl, das verträgt sich nicht unbedingt mit dem Tourismus,« erzählt Thomas Lange. Nur am hinteren Ende des Stalls residiert noch Rosi samt ihrer Ferkelschar. »Das ist unser

Schweinekino!« Hinter Glasscheiben können vor allem Kinder das glückliche Schweineleben betrachten. »Hier sitzt man in der ersten Reihe!«, erklärt Thomas Lange, »nur von den Erwachsenen wollen wir einen Euro Eintritt haben.«

Je nach Saison variiert die Speisekarte, nach der Spargelzeit gibt es dann schnell die ersten jungen Kartoffeln. Immer will Bauer Lange möglichst preiswert sein. »Teuere Restaurants gibts auf der Insel genug und wenn man wie wir etwas ab vom Schuss liegt, muss man sich was einfallen lassen!« meint er entschieden. Als wir da sind, kostet eine Portion Pellkartoffeln mit Kräuterquark 2,50 Euro. »Das mal vier macht nach ›Adam‹ Bauer Lange glatte neun Euro,« rechnet Thomas Lange vor. »Bei uns gibts Familienrabatt!«

Mittlerweile haben wir auch kulinarisch Geschmack gefunden an diesem abgelegenen Stückchen Rügen und gleich ein paar Kilometer weiter, empfiehlt Bauer Lange, sollten wir unbedingt noch Holger Kliewe besuchen, der berühmt ist für seine originalen »Pommerngänse«.

Bauer Lange®
Thomas Lange
Hof Nr. 37, 18569 Lieschow
Telefon 03 83 05 / 5 51 50
Telefax 03 83 05 / 55 15
E-Mail: info@Bauer-Lange.de
www.bauer-lange.de

»Eine Riesenschweinerei!« mit solchen Schlagzeilen im »Rügener Schweinekurier« wirbt Bauer Lange im abseits von den Touristenströmen gelegenen Lieschow um Besucher für seinen Erlebnisbauernhof. Schweinekino, Dumperrennen, frische Kartoffeln mit Quark, Spargel oder Matjes (je nach Saison), rustikales Hofrestaurant, Hofladen – das sind nur einige der angebotenen Attraktionen. Der Hofladen ist täglich von 9.00–18.00 Uhr geöffnet, das Restaurant von 11.00–20.00 Uhr.

Pommersche Gänse

Die »Pommersche Spickbrust« gehört zu den ganz wenigen Spezialitäten aus Pommern, die Kennern weit über die Region hinaus ein Begriff sind. Spätestens zu Weihnachten ist diese gepökelte und geräucherte Gänsebrust, in hauchdünne Scheiben geschnitten, in Deutschlands Nordosten in aller Munde. Perfekt ist diese Spezialität, wenn sie aus den »Pommerschen Gänsen« gemacht wird, eine Geflügelrasse, die auch in Vorpommern mittlerweile fast ausgestorben ist.

Familie Kliewe in Mursewiek, unmittelbar vor der Brücke zur Insel Ummanz ansässig, gehört zu den wenigen, die seit Jahrzehnten diese selten gewordene Gänserasse züchten. Auf der großen Koppel, direkt hinter dem Hof gelegen, fallen die Pommerschen Gänse sofort auf. Im Gegensatz zu ihren schneeweißen Verwandten lassen sich die Pommerngänse mit den grauen Federn sofort erkennen. »Die sind hier in Vorpommern schon seit mehreren hundert Jahren ansässig,« erklärt Holger Kliewe, »die haben einen sehr guten Fleischansatz, wachsen aber nicht ganz so schnell wie die heute üblichen »frohwüchsigen« Mastgänse. Aber Pommerngänse verwerten das heimische Gras umso besser.« Der junge Familienvater hat gleich nach der Wende wieder angefangen, den elterlichen Hof selbst zu bewirtschaften. Sein Vater hatte bereits die Pommerngänse privat gezüchtet – aus dem einstigen Hobby ist für den Sohn längst ein Beruf geworden. Für die Kameras ist es ein malerisches Bild: Vor uns die tief grüne Weide mit den grauen und weißen Gänsen, dahinter blitzt blau der Bodden im Sonnenlicht. Zumindest im Sommer

Auf der großen Koppel direkt am Bodden fühlen sich die Pommerngänse und ihre weißen Schwestern und Brüder wohl.

dürfen die konventionellen Mastgänse und die Pommerschen Gänse zusammen raus – erst in der Paarungszeit laufen sie getrennt. Von der Brut über die Aufzucht bis hin zur Vermarktung, Holger Kliewe ist stolz, dass er alles in einer Hand hat.

Neben den Gänsen hält er mittlerweile auch Enten, Hähnchen, Puten, Perlhühner, Wachteln und Fasane. »Rügener Schlachtgeflügel aus Freilandhaltung« ist sein Verkaufsmotto. Heike darf gleich mitkommen, um bei den jungen Moulardenenten, einer Kreuzung aus Flug- und Hausente, einzustreuen. Die Küken sind schlicht entzückend und schnattern aufgeregt vor sich hin. »Die wachsen schnell, sind vital und haben ein hervorragendes Fleisch« beschreibt Holger Kliewe. »Solange sie klein sind, bleiben sie im Stall. In zwei Wochen kommen die auch raus,« fährt der Geflügelzüchter fort, »wenn sie so groß sind, dass sie nicht mehr unterm Zaun durchschlüpfen können. Wir müssen sie ja abends im hohen Gras auch noch wieder finden.« Zumindest nachts kommt bei den Kliewes alles Geflügel wieder in den Stall. »Das ist hier zu gefährlich, wir haben schon große Verluste durch den Fuchs gehabt,« nennt Holger Kliewe die Gefahren für kleine und große Enten. Gleich neben dem Gänsestall haben die Kliewes in ihrem Bauernhaus und den Nebengebäuden Ferienwohnungen eingerichtet. »Jede Wohnung hat einen Balkon oder eine Terrasse mit herrlichem Ausblick auf die Boddenlandschaft! Wir haben die Wohnungen so eingerichtet, wie wir selbst auch gerne Urlaub machen – mit viel Platz und moderner Ausstattung.« Es gibt auch Ruderboote auszuleihen sowie Ponys für den Reitspaß der Kinder. Selbst im Herbst und Winter kann die Landschaft attraktiv sein, schwärmt der Rüganer. »Auf den angrenzenden Gewässern rasten dann tausende Wildgänse, Kraniche oder auch Schwäne – dann ist hier richtig was los!«.

Im Hofladen schließlich darf Heike erfahren, dass die Gänsespick-

Wer will, kann auf dem Bauernhof Kliewe einen romantischen Urlaub verbringen.

brust selbst im Hochsommer eine erlesene Delikatesse ist. »Das Hauptgeschäft ist natürlich im Winter, wenn wir unseren Kunden das vorbestellte Geflügel frei Haus liefern,« erklärt Kliewe. Entensalami, Geflügelleberwurst, Gänseschmalz, Geflügelsülze – Holger Kliewe ist stolz, dass Heike die Spezialitäten schmecken. »Bis zur Schlachtung machen wir alles selbst, für die Wurstspezialitäten haben wir hier auf der Insel einen hervorragenden Fleischer gefunden – die Rügener Landschlachterei in Gademow. Da müssen Sie unbedingt noch hin!«

Geflügelhof Kliewe
Holger Kliewe
Mursewiek Nr. 1
18569 Ummanz/Rügen
Telefon 03 83 05 / 81 30
Telefax 03 83 05 / 5 55 69
E-Mail: Bauernhof-Kliewe@t-online.de
www.Bauernhof-Kliewe.de

Bis zur Schlachtung macht Holger Kliewe alles selbst auf seinem Bauernhof.

Enten, Gänse, Pommersche Gänse, Hähnchen, Puten, Perlhühner – Familie Kliewe hat sich auf Geflügel in Freilandhaltung spezialisiert. Frisches Geflügelfleisch und Delikatessen wie Spickbrust, Geflügelsauerfleisch, Geflügelwurst und andere regionale Produkte werden im Hofladen angeboten. Komfortabel ausgestattete Ferienwohnungen bieten einen direkten Blick aufs Wasser. Ruderboote, Ponys, Pferde, Streichelzoo runden das Angebot ab. Im Herbst sind die angrenzenden Felder und Boddengewässer Rastplatz für tausende Wildgänse, Kraniche und Schwäne.
Der Hofladen ist von Januar bis März Mo–Sa täglich von 10.00–12.00 und 13.00–17.00 Uhr geöffnet, von April bis Dezember Mo–Sa durchgehend von 9.00–18.00 Uhr. Sonn- und Feiertags bleibt der Laden geschlossen.

Wenn es mal um die Wurst geht

Vor den Toren der Inselhauptstadt Bergen liegt im Dörfchen Gademow die Rügener Landschlachterei, die nicht nur das Schweinefleisch von Bauer Lange®, sondern auch das Geflügel von Holger Kliewe zu Wurstspezialitäten verarbeitet. Marcus Bauermann arbeitete über zehn Jahre in den verschiedensten Fleischverarbeitungsbetrieben als Berater und lernte dabei traditionelle wie hochmoderne Verfahren zur Wurstherstellung kennen. Jetzt verwirklicht er in der alten Schlachterei in Gademow einen Traum – den Traum von der perfekten Wurst.

Als wir anklopfen, ist Marcus Bauermann gerade dabei, das Fleisch für die mittlerweile berühmten »Rügenkiesel« in den so genannten Cutter zu legen, wie die Zerkleinerungsmaschine fachmännisch genannt wird. Zunächst klötert es bedenklich laut, denn die Fleischstücke sind tiefgefroren. »Das ist Schweinefleisch aus eigener Züchtung«, erzählt Marcus Bauermann stolz, »das bekomme ich von einem Landwirt, der noch das ›Pommersche Landschwein‹ hält. Das ist eine alteingesessene Rasse, die doppelt so alt wird wie die heute üblichen Schnellmastschweine.«

Inzwischen ist aus den zunächst noch tiefgefrorenen Fleischstücken im Cutter eine hackfleischartige Wurstmasse geworden. Heike darf ein Schüsselchen mit Salz und Gewürzen hinzugeben, will natürlich wissen, um was es sich da genau handelt. »Oh, das kann ich ihnen nicht sagen«, meint der Wurstexperte bedauernd, »das ist meine Geheimmischung. Aber die Gewürze sind nicht unbedingt das Entscheidende. Die Qualität des Fleisches ist ausschlaggebend!« Während er den Cutter langsamer stellt, gibt er noch einen Schluck Rotwein hinein. »Aber was

© Bauermann

Marcus Bauermann hinter seiner Fleischtheke.

bleibt denn noch vom Fleischgeschmack übrig, wenn es sowieso in die Wurst kommt?« Heike will es genau wissen. »Das ist ja gerade die Kunst, die Wurst noch nach Fleisch schmecken lassen und eben nicht nach Gewürzen«, gibt Marcus Bauermann seine Philosophie preis. »Probieren Sie mal!« Und schon darf Heike mit dem Wurstexperten zusammen die Wurstmasse kosten, damit sie versteht, was er damit gemeint hat. Ihr zufriedener Gesichtsausdruck bestätigt, das Marcus Bauermann diese Kunst perfekt beherrscht.

Mit den Händen prüft er noch, ob die Fleischmasse auch die richtige Konsistenz hat und gibt sie anschließend in die Wurstmaschine. Mit geübten Griffen lässt er die Wustmasse in einen dünnen Naturdarm laufen, den er per Hand flink in kleine Abschnitte von Kieselsteingröße unterteilt. Eine ideale Gelegenheit für Heike, sich auch einmal in der Wurstproduktion zu probieren. »Die verlieren noch gut 40 Prozent Volumen bei der Trocknung«, erklärt der Fleischermeister, »deshalb können die jetzt ruhig ein bißchen größer ausfallen.« Schnell arbeiten die beiden vor laufenden Kameras Hand in Hand miteinander. Trotz seines nur leichten Akzents kann Marcus Bauermann beim Plaudern seine Herkunft kaum verbergen. »Ich bin ein original Leipziger«, erläutert er, »aber seit fünf Jahren fühle ich mich als Rüganer – seit wir diesen Betrieb aufbauen und uns auf Salami und luftgetrocknete Schinken spezialisiert haben.«

Die Lufttrocknung ist der Clou des Unternehmens. Die kettenartig zusammenhängenden frisch gefüllten »Rügenkiesel« werden von Heike nämlich gleich in den Klimaraum gehängt. Dort erwarten uns Salamis aller Art und Schinken, alles mit einer weißlichen Schicht bestäubt. »Das ist …«, Heike stockt ein wenig, »das sieht ja alles verschimmelt aus!« Marcus Bauermann nickt zufrieden. »Ja, aber das ist ein Edelschimmel, wie bei einem Camembert. Den

© Bauermann

Marcus Bauermann (links) beim Anschneiden des »Porchetta«.

Luftgetrockneter Schinken mit Edelschimmel.

kann man sogar mitessen.« In dem Reife- oder Klimaraum herrschen immer konstante Temperaturen und eine gleichmäßige Luftfeuchtigkeit, damit die Wurst- und Schinkenwaren optimal reifen können: wochen- oder auch monatelang.

Mit diesem Konzept hat Marcus Bauermann die bundesdeutschen Delikatessgeschäfte erobert. Er verarbeitet nicht nur ausgesuchte Schweine, sondern auch Rinder und Schafe, die seinen strengen Qualitätsanforderungen gerecht werden. Marcus Bauermann ist bekennendes Mitglied der Gourmet-Organisation »Slow-Foood«, die größten Wert auf ursprüngliche Lebensmittel legt. Seine Wurst verkauft er direkt im eigenen Laden, im Versand und über Delikatessgeschäfte in ganz Deutschland. Neuerdings ist er auch bei dem Spezialversender »Manufactum« gelistet. Im Laden darf nicht nur Heike, sondern das ganze Team probieren: Die luftgetrockneten »Rügenkiesel«, die »Baron Beitzel'sche Rügensalami«, die vielen verschiedenen Schinkensorten und natürlich auch die »hausschlachtene Leberwurst«. Das sind so die Momente, wo alle Landpartie-Kollegen froh sind, im Außendienst arbeiten zu können – trotz der oft sehr langen Tage.

Rügener Landschlachterei
Marcus Bauermann
Hauptstraße 6b
18528 Gademow/Rügen
Telefon 0 38 38 / 25 19 55
Telefax 0 38 38 / 20 94 95
E-Mail: info@ruegenfleisch.de
www.ruegenfleisch.de

»Produkte für Genießer« – das ist der Slogan von Marcus Bauermann. Seine luftgetrockneten Schinken, Salamis und auch seine Leberwurst gehören zu den allerfeinsten Spezialitäten, die bundesweit im Delikatessfachhandel angeboten werden. Neben den ausgefeilten Rezepturen und Verfahren legt Marcus Bauermann größten Wert auf Fleisch traditioneller Rassen wie beispielsweise des »Pommerschen Landschweins« oder des »Rauwolligen Pommerschen Landschafs«, die im Gegensatz zu den »modernen« Rassen viel langsamer wachsen und viel robuster und schmackhafter sind. Marcus Bauermann ist bekennendes Mitglied bei »slowfood«.

Glücksbringer auf dem Ökohof

Bei unseren Exkursionen im Westen Rügens machen wir kurz Station auf dem Museumshof in Gingst, dem angeblich »kleinsten Markt der Welt«. Mit diesem Slogan jedenfalls versuchen Rügens Tourismusförderer, Besucher zu ködern. Kleine Verkaufsstände biologischer und regionaler Produkte warten im Sommer an jedem Sonnabendvormittag im idyllischen Innenhof des Museums auf Besucher. Es ist ein wenig wie in der »guten alten Zeit«, denn der Markt liegt abseits der großen Touristenströme und an den kleinen Verkaufsständen geht es beschaulich zu. Der ältere Herr mit den Schälchen selbst gepflückter Sauerkirschen, ein kleiner Junge, der erstaunlich gut Akkordeon spielt, eine Imkerin mit verschiedenen Honigsorten und Sanddornspezialitäten, ein Stand mit Bernsteinschmuck und natürlich auch die hier sehr professionell wirkenden Verkäufer des berühmten Käses des Hofgutes Bisdamitz. Die Mitarbeiter des Museumshofes schenken frischen Kaffee aus und bieten selbst gebackenen Kuchen an.

Der Ökohof Thom ist Mitglied im Ökoverband »Biopark«.

Und mittendrin ein Stand, auf dem es jegliches Gemüse gibt, das zu dieser Jahreszeit geerntet werden kann – prall, appetitlich und garantiert biologisch kultiviert: Mohrrüben, Salatgurken, Kartoffeln, Zwiebeln, Zucchinis, Bohnen … Als wir kommen ist es allerdings schon 11.00 Uhr und die Bestände sind schon stark reduziert. René Thom, der Bio-Bauer hinterm Tresen, hat extra noch eine Packung Eier für Heike aufbewahrt, denn unser Abstecher zum Museumsmarkt ist natürlich nicht ganz zufällig, wir hatten uns angemeldet. Vor Jahren schon hatten Achim Tacke und ich auf dem Hof der Familie Thom für den NDR gedreht, waren damals von der Herzlichkeit und dem Engagement der jungen Familie beeindruckt. Klar, dass wir mit dem ganzen Team auf den Hof kommen wollen, um zu sehen, wie sich der Ökohof entwickelt hat.

Während René Thom sich heute Vormittag um den Marktverkauf kümmert, versorgt seine Frau Ilona zu Hause das Federvieh. Denn neben dem Gemüse prägen vor allem Enten, Gänse und Hühner das Bild des Ökohofes. Das alte Siedlungshäuschen liegt herrlich idyllisch: Im Vorgarten picken einige Hühner, die irgendwie doch den Auslauf verlassen haben, während in einer

Freiland-Bioenten tummeln sich auf dem Ökohof.

anderen Ecke junge Katzen spielen. »Die Hunde im Gehege passen tagsüber gut auf die Hühner auf, wenn zum Beispiel der Habicht kreist oder der Fuchs umherschleicht. Die sind sehr, sehr aufmerksam,« erklärt Ilona Thom stolz, denn die Hunde laufen regelmäßig im großen Hühnerauslauf herum. Heike wundert sich nur über die tiefen Löcher, die wadentief überall in dem Hühnerauslauf zu sehen sind. »Das buddeln sich die Hühner,« erläutert die Bio-Bäuerin, »die legen sich dort hinein und nehmen regelrechte Sandbäder. Dabei fühlen die sich richtig wohl – und die Löcher werden immer tiefer.«

»Kein Ei ist wie das andere«, weiß Ilona Thom.

Die Thoms begannen schon zu DDR-Zeiten, ihre private Landwirtschaft – so gut es ging – ökologisch zu betreiben. »Wir haben Mitte der achtziger Jahre geheiratet und suchten zunächst eigentlich nur eine Wohnung,« erzählt Ilona Thom versonnen. »Aber mein Mann wollte partout nicht in so eine Plattenbauwohnung ziehen, wobei wir selbst darauf hätten lange warten können.« In Stönkvitz konnten das junge Ehepaar dann zunächst bei einer älteren Dame einziehen, für die das Haus allein zu groß geworden war. Die war dann froh, ihr Haus später an die jungen Leute verkaufen zu können, die sich so lange um sie gekümmert hatten. Andere Kaufinteressenten gab es zu DDR-Zeiten für das renovierungsbedürftige Haus nicht. Und mit der Wende stellte sich wenig später dann heraus, dass zu dem Häuschen auch noch Land gehörte – die Grundlage für den heutigen Betrieb. Zur biologischen Wirtschaft gehört nach den strengen Bestimmungen des Kontrollverbandes »Biopark«, dass auch das Futtergetreide aus ökologischem, möglichst eigenem Anbau stammen muss. Flächen dafür haben die Thoms genug.

Auf seine biologisch produzierten Kartoffeln ist Bauer René Thom stolz.

Heike soll gleich mitkommen und helfen, die frischen gelegten Eier im nach außen offenen Hühnerstall einzusammeln. Fast unter jeder Klappe liegt ein Ei – und jedes sieht ein wenig anders aus. »Sehen Sie hier,« erklärt Ilona Thom, »das hier ist ganz rau, das ist etwas gepunktet, kein Ei ist wie das andere.« Schon daran lassen sich, neben den einschlägigen Ökosiegeln, die Eier als Bioeier erkennen, wenn sie den Stall erstmal verlassen haben. Denn die Thoms verkaufen nur einen kleinen Teil selbst auf den verschiedenen Märkten auf Rügen oder im Hofladen in Samtens. Die meisten ihrer Bioeier liefern sie an einen Händler nach Rostock.

Mit dem Korb voller Eier in der Hand fahren wir weiter nach Samtens, wo jetzt der Hofladen eingerichtet ist. Dort bewirtschaften die Thoms inzwischen auch den Hof der Eltern – natürlich ökologisch. René Thom nimmt Heike gleich mit hinaus auf den Kartoffelacker. Zusammen buddeln sie mit der Hacke in der Hand die Kartoffeln aus. »Die ersten Kartoffeln haben noch so eine dünne Schale, die ginge mit einer Erntemaschine kaputt«, erklärt er René Thom. »Das hat mit Bio nichts zu tun, in zwei, drei Wochen nehmen wir dann auch die Maschine.« Den größten Teil ihrer Bioprodukte verkaufen die Thoms an einheimische Kunden, im Sommer fragen verstärkt auch die Touristen nach. Am besten schmeckt den Leuten hier auf der Insel die mehlige »Adretta«, erklärt der Bio-Bauer, »für die Zugezogenen und die Touristen haben wir neuerdings auch die ›Forelle‹, eine festkochende Sorte.«

Zumindest in Sachen Kartoffelgeschmack, das wird uns klar, teilt sich Norddeutschland noch in Ost und West: In Mecklenburg-Vorpommern isst man lieber mehlige, weiter westlich die festkochenden Knollen. Eine Geschmacksfrage, die auch das Team teilt – zumindest daran wird deutlich, wie viele der Kollegen aus dem Ostdeutschland stammen.

Und dann hat René Thom noch eine Überraschung für Heike. »Heute Nacht hat eine unserer Sauen geferkelt – wenn Sie wollen, können wir der Muttersau gleich ein paar von den zu klein geratenen Kartoffeln bringen.« Mit frisch geschnittenem Gras und etwas Getreideschrot gehts in den Stall. Die so genannten Sattel- und Durocschweine, alte Rassen, speziell für die Freilandhaltung geeignet, warten schon. Gern würde René Thom auch seine Schweine draußen laufen lassen, aber da frei laufende Wildschweine immer noch als Hauptüberträger der Schweinepest gelten, ist die Freilandhaltung auf Rügen verboten. Elf kleine, gerade ein paar Stunden alte Ferkelchen turnen übereinander, tollen im Stroh oder saugen wenig später an den Zitzen ihrer Mutter. Gern würde Heike mal eines in die Hand nehmen, aber das lässt die Schweinemama dann doch nicht zu.

Achim Tacke und ich freuen uns an den niedlichen Ferkeln und urigen Schweinen – vielleicht sind es ja doch diese Glücksbringer, die den beiden Existenzgründern mit dem Ökohof bislang so viel Erfolg eingebracht haben.

Die frisch geborenen Ferkel fühlen sich hier sauwohl.

Grüner Markt Gingst
Museum Gingst
Karl-Marx-Str. 19/20
18569 Gingst
Telefon 03 83 05 / 3 04
Telefax 03 83 05 / 5 51 55
E-Mail: museum-gingst@t-online.de
www.home.t-online.de/home
museum-gingst

Wochenmarkt für Produkte aus der Region bzw. aus biologischem Anbau auf dem sehenswerten Museumshof in Gingst. Marktzeit ist sonnabends von 9.00–14.00 Uhr.

Ökohof Thom
René und Ilona Thom
Haus Nr. 12
18573 Stönkvitz
Telefon und Telefax 03 83 06 / 2 00 43

Biologisch arbeitender Bauernhof der Familie Thom, die sich auf Bio-Eier und ökologisch gehaltenes Geflügel spezialisiert hat. Nebenbei bauen die Thoms Gemüse, Kartoffeln, Getreide an und halten Landschweine alter Rassen. Die Thoms sind Mitglied des anerkannten Ökoverbandes »Biopark«.

Störtebeker – immer wieder kopflos

Störtebeker-Käse, Störtebeker-Bier, der alte Pirat ist ganz offensichtlich überall auf Rügen höchst populär – zumindest als Namensgeber. Und natürlich werben überall auf der Insel Plakate für die Störtebeker-Festspiele auf der Naturbühne in Ralswiek. Im Vorbeifahren während der Vorbesichtigungstour werden wir neugierig.

Dieter Hartwigsen, der als Aufnahmeleiter mit auf Voraustour ist, und ich halten spontan in Ralswiek, um uns das Spektakel genauer anzusehen. Wir kommen unangemeldet am frühen Nachmittag, doch Intendant Peter Hick kann auch das nicht erschüttern, er führt uns persönlich durch die Kulissen, erklärt das Stück und stellt uns den »wahren« Störtebeker vor, verkörpert durch den Schauspieler Sascha Gluth. Über 30 Pferde, Adler, Falken, Bussarde und eine beeindruckende Naturbühne direkt am Wasser – gar keine Frage – da müssen wir mit der »Landpartie« hin.

»Klaus Störtebecker« mit seinem Hengst »Luzent«, auf dem er jeden Abend reitet.

Als Heike später den Drehplan liest, muss sie unwillkürlich schmunzeln: »Piratenabenteuer – das ist ja wieder so eine typische Jungensgeschichte!« So ganz unrecht hat sie nicht, ein bisschen lassen sich manchmal mit der »Landpartie« lang gehegte Jugendträume verwirklichen – einmal Bulldozer fahren, mal nach Cowboy-Manier Rinder treiben oder eben Pirat spielen. Heike darf sich in der »Landpartie« für Klaus Störtebeker mal so richtig schön machen – als mittelalterliche Hofdame. Für die Kolleginnen der Schneiderstube in Ralswiek ist es jedenfalls ein Heidenspaß, Heike entsprechend auszustaffieren.

Und schon sind wir mitten im ausgehenden 14. Jahrhundert. In der historischen Kulisse einer alten Hansestadt kann Heike im passenden Outfit den legendären Klaus Störtebeker vor laufender Kamera persönlich begrüßen. Von nahem betrachtet ist er ganz und gar nicht furchteinflößend. Ganz im Gegenteil. »Ich bin ja eigentlich auch der Spross eines verarmten Adelsgeschlechts, heiße ursprünglich Klaus von Alkun«, klärt Störtebeker auf, »über verschiedene Umwege wurde ich vom Strandräuber zum Piraten – teilweise mit Duldung und sogar im Auftrag der Obrigkeit.« Heike und der Seeräuber verstehen sich auf Anhieb. Für den Schauspieler Sascha Gluth ist es die erste Spielzeit in Ralswiek, charmant zeigt er Heike die Hinterbauten der liebevoll gestalteten Kulissen samt der aufwändigen Technik, die dahinter steckt. Obwohl in der Saison von Ende Juni bis Ende August täglich außer sonntags jeden Abend gespielt wird, ist von Stress keine Spur. Heike soll gleich mitkommen und helfen,

Schauspieler Sascha Gluth spielt erstmals den Piraten Störtebecker.

die Pferde von der Weide zu holen. In zweieinhalb Stunden beginnt die Vorstellung.

Zuerst kommen die Stuten angetrabt, dann holen Heike und Sascha Gluth den Störtebeker-Hengst. »Das ist Luzent, ein richtiger Friesenhengst aus Holland«, stellt Sascha Gluth seinen riesigen Bühnengefährten vor. Dass der Hauptdarsteller sein Pferd persönlich von der Weide holt, ist für Sascha Gluth gar keine Frage. »Das mache ich bei jeder Vorstellung, denn es ist wichtig zu wissen, wie das Pferd drauf ist. Das erfährt man nur, wenn man es selbst putzt und Kontakt zu ihm aufnimmt. Wenn man sein Pferd erst auf der Bühne trifft, haut das nicht hin.« Ausnahmsweise hilft heute Heike beim Putzen und ist völlig erstaunt, dass Sascha Gluth erst für die Piraten-Rolle Reitunterricht nahm. »Klar, als Kind habe ich im Urlaub auch mal so eine Touristenjuckelei auf 'nem Pony mitgemacht, aber richtig habe ich das Reiten erst für die Rolle hier gelernt.« Von September bis Mai, erfährt Heike beiläufig, könne auch sie auf dem Pferdehof in Ralswiek Reiturlaub machen, auf einem selbst mitgebrachten Pferd oder auf den Störtebekerschen Pferden reiten. Die Anlagen wollen auch außerhalb der Spielzeit ausgelastet sein.

Heike Götz als mittelalterliche Hofdame in Ralswiek.

Während Sascha Gluth sein Pferd für den Auftritt in Form bringt, kann sich Heike umziehen und wir unsere Kameras in Position bringen. Ab 18.00 Uhr präsentiert der Falkner Volker Walter im Vorprogramm seine Greifvögel im freien Flug, erläutert dabei genau die Lebensweise und Biologie der edlen Greifvögel, die schon vor Jahrtausenden von Kaisern und Fürsten zur Jagd eingesetzt wurden.

Und schließlich beginnt die Vorstellung. Vorsichtshalber haben wir uns mit Pullovern und winddichten Jacken ausgestattet, denn wenn während der Vorstellung die Sonne untergeht, könne es etwas kalt werden, hatte uns Peter Hick mit auf den Weg gegeben. Glücklicherweise ist es heute sommerlich warm und so erleben wir einen spannenden Theaterabend in einer malerischen Kulisse. Es ist schon beeindruckend, mit welchem Tempo, spektakulären Stunts und Effekten die auch zu Herzen gehende Geschichte aus der Zeit des jungen Störtebekers erzählt wird. Selbst die anfangs so skeptische Heike ist begeistert. Und in jedem Jahr gibt es in Ralswiek eine neue Geschichte aus dem Leben des wohl berühmtesten Piraten von Nord- und Ostsee.

Störtebekerfestspiele
Likedeeler Theater-Betriebs GmbH
Ralswiek
Am Bodden 100
18528 Ralswiek
Telefon 0 38 38 / 31 10-0
Telefax 0 38 38 / 31 31 92
E-Mail: info@stoertebeker.de
www.stoertebeker.de

Die Abenteuer des Freibeuters Klaus Störtebekers – allabendlich aufgeführt als Atem beraubendes Theaterstück auf der idyllischen Naturbühne Ralswiek. 120 Mitwirkende, 30 Pferde, vier Schiffe, spektakuläres Stunts – das ist der Rahmen für Historientheater mit knallharten Kämpfen, feindlichen Intrigen und einer romantischen Liebe. In den vergangenen zehn Jahren hat Intendant Peter Hick die Störtebeker-Festspiele in Ralswiek zu Deutschlands erfolgreichstem Theater gemacht. Die Vorstellungen laufen alljährlich von Mitte Juni bis Ende August um 20.00 Uhr täglich außer sonntags. Im Vorprogramm um 18.00 Uhr präsentiert der Falkner Volker Walter seine Greifvögel. Der Eintritt kostet zwischen 10,00 und 24,00 Euro.

Pferde statt Autos – idyllisches Hiddensee

Der Weg nach Hiddensee führt fast zwangläufig über das kleine Örtchen Trent, das wenige Kilometer vor dem Fährhafen Schaprode liegt. Wer nicht mit dem Auto einfach durch das Dorf rast, sondern gemächlich rollt oder mit dem Fahrrad unterwegs ist, wird dafür mit dem Anblick einer exotisch anmutenden Herde belohnt: Inmitten einer Schar von Gänsen laufen hier noch Ziegen, einige Esel, ein Hängebauchschwein und ein Nandu. Mittendrin Wilhelm Neubauer, ein gestandener Mann in den besten Jahren, der fast liebevoll die Tiere füttert.

Klar, dass wir uns diese bunte Schar etwas genauer ansehen wollen. »Das sind hier die Reste unserer Tierbestände«, erklärt Wilhelm Neubauer, »die anderen sind auf Hiddensee. Wir haben hier auf der Trenter Seite einen Landwirtschaftsbetrieb, der im Sommer komplett nach Hiddensee zieht.« Mit Rindern und Pferden bewirtschaftet Familie Neubauer die Grünlandflächen des Hiddenseer Nationalparkgeländes. Während die beiden sich so inmitten der Tierschar unterhalten, nähert sich von hinten der Nandu – ein etwa hüfthoher Laufvogel. »Das ist ein

Idyllischer Blick nach Kloster auf Hiddensee.

Straußvogel, stammt aus Südamerika und lebt dort in einer Region, in der ähnliches Wetter wie hier ist. Der Nandu hat auch im Winter keine Probleme mit Nässe oder Kälte«, erklärt Wilhelm Neubauer. Als unser Kameramann Ekke dann versucht, ihn mit aufs Bild zu bekommen, ist der exotische Vogel dann doch ewas scheu und verzieht sich. Dafür drängen sich die beiden Esel ins Bild, wollen endlich einige Streicheleinheiten haben. »Das sind Mutter und Sohn, die kommen dann nachher auch mal mit vor den Wagen. So ein Eselgespann ist gerade für Kinder toll.« Während die Esel sich von Heike verwöhnen lassen, sammelt das Hängebauchschwein Susi in aller Ruhe alle am Boden liegenden Leckerlies ein. »Die ist ausgesprochen pfiffig,« lacht Wilhelm Neubauer, »die folgt mir normalerweise, wenn nicht so viele Leute da sind, wie ein Hund!« Natürlich – als Ekke sie dann aufnehmen will, lässt sie sich selbst mit

Kaltblüter ziehen den Kremser der Familie Neubauer.

Leuchtturm am Nordzipfel Hiddensees.

Leckerlies nicht bestechen – sie hat sich ja schließlich schon in aller Ruhe den Magen vollgeschlagen. Wilhelm Neubauer bringt es sichtlich Spaß, von seinen Tieren zu erzählen. Kein Wunder – bis zur Wende praktizierte er in der Region Trent/Hiddensee als Tierarzt. Aber mit dem drastischen Rückgang der Tierbestände sattelte er um, wurde selbst Bauer. Und nebenbei gründete er einen Pferdefuhrbetrieb, denn auf Hiddensee sind Autos verboten. »Wenn Sie wollen, ruf' ich auf Hiddensee meinen Sohn an, der kann mit Ihnen dann eine Inselrundfahrt machen. Der steht dann im Hafen von Kloster und holt Sie ab!«

Die wenigen Kilometer bis Schaprode sind schnell geschafft, in Windeseile hat uns unser »Reiseleiter« Dieter Hartwigsen Tickets für das schnelle Taxiboot besorgt und schon sind wir für eine gute viertel Stunde auf See. Sogar Heikes Fahrrad darf mit an Bord der »Störtebeker«. Und, wie versprochen, wartet Wilhelm Neubauer am kleinen Hafen mit seinem Kremser auf uns. Unser Ziel ist der typische Leuchtturm am Nordzipfel der Insel. Zunächst geht es entlang der Boddenküste. Die Neubauerschen Rinder, die irgendwo auf den großen Grünlandflächen grasen sollen, sind in der Weite kaum auszumachen. Das letzte Stück allerdings geht es steil bergauf, immerhin ist der Swantiberg, von dem aus es zum Leuchtturm geht, 65 Meter hoch! Hier oben kann, wer will, sich erstmal in dem Gartenrestaurant »Zum Klausner« stärken oder auch gleich zu Fuß weiter zum Leuchtturm gehen, der als Kulisse für das ARD-Wetterstudio und das NDR-Nordmagazin bundesweit berühmt geworden ist.

Auf der rund 17 Kilometer langen und meist weniger als ein Kilometer breiten Insel kann man eigentlich nicht verloren gehen. Und doch – wer ein paar Minuten am Strand entlang läuft, kann schnell die Touristenströme hinter sich lassen. Dafür haben wir natürlich eigentlich gar keine Zeit, denn wir sind in Vitte mit Ingolf Engels verabredet, der nebenbei als Bernsteinfischer arbeitet. Immer, wenn es stark gestürmt hat, hält ihn nichts mehr in seinem Bernsteinstübchen. Dann ist er irgendwo auf der Insel am Strand in der Brandung unterwegs, sucht nach dem »Gold der Ostsee«. Und so kommen auch wir zu unserem Strandspaziergang, finden den Bernsteinfischer kilometerweit entfernt, irgendwo zwischen Vitte und Kloster am Weststrand der Insel. Mit einem großen Kescher holt er immer und immer wieder eine Mischung aus Algen, Muscheln, Treibholz und Bernstein und leert sein Netz am Strand aus. Mit geübtem Auge findet er blitzschnell die goldgelb schimmernden Bernsteine darin.

Heike will natürlich wissen, wo man mit den besten Erfolgsaussichten Bernstein finden kann. »Holz, Muscheln und Bernstein haben ein ähnliches Gewicht,« erklärt der Experte, »wenn es nach so einem Sturm ruhig wird und das Treibgut Richtung Land kommt, dann hat man gute Chancen.« Doch trotz der prall mit Treibgut gefüllten Netze, mehr als eine halbe Hand voll kleiner Bernsteinchen kommen jeweils nicht zusammen.

Größere Stücke sind selten. Und es gehört ein geschultes Auge dazu, den edlen Schmuckstein in dem schlammigen Haufen zu entdecken. Dafür schläft die Konkurrenz nicht – wie die Aasgeier durchwühlen gierige Touristen sofort Engels' mühselig aus der Brandung gefischten Fänge und scheren sich dabei weder um den Bernsteinfischer, noch um unsere Kameras – es herrscht Strandräubermentalität, ausgelebt von Feriengästen!

Ingolf Engels fischt mit einem Kescher nach Bernstein, ob er fündig wurde?

Beschauliche Ruhe empfängt uns dagegen in Ingolf Engels Bernsteinstübchen. Mit einfachen Mitteln veredelt er seine »Fänge« zu individuellem Schmuck. Ganz vorsichtig darf Heike mit immer feinerem Schleifpapier die gefundenen Bernsteine polieren, während Ingolf Engel mit einer kleinen Bohr- und Schleifmaschine arbeitet. Gleich neben der Werkstatt liegt der kleine

Ungeschliffene Bernsteine – Fundort Hiddensee.

Im Bernsteinlädchen veredelt und verkauft Ingolf Engels das schöne Strandgut.

Verkaufsraum, in dem Ingolf Engels seinen Bernsteinschmuck ausstellt. Er verwendet ausschließlich selbst gesammelte Materialien, kombiniert gerne bizarre Treibholzteile mit dem geheimnisvoll schimmernden Bernstein. »Das sind alles Unikate«, betont der urige Hiddenseer, »die kann man nur hier auf der Insel kaufen.«

Obwohl wir nur ganz kurz auf Hiddensee bleiben können – die Insel ist eine Welt für sich. Die Dünenlandschaft, ein Rhythmus, der vom gleichmäßig ruhigen Schritt der Kutschpferde bestimmt wird, eine in großen Teilen ursprüngliche Naturlandschaft ... »Seien Sie gewarnt«, heißt es in dem offiziellen Inselprospekt wörtlich: »Diese Insel lässt sie womöglich nicht wieder los!« Bevor wir allerdings Gefahr laufen, uns zu sehr in das Eiland zu verlieben, wie es Albert Einstein, Thomas Mann, Billy Wilder, Gerhart Hauptmann oder auch Gret Palucca oder Asta Nielen getan haben, ruft uns unser Aufnahmeleiter zum Hafen. »Fünf Minuten bis zur Abfahrt! Los gehts!«- Schließlich sind wir diesmal nicht zum Urlauben hier, aber vielleicht mal später?

Pferdefuhrbetrieb
Familie Neubauer
Inseltouren auf Hiddensee
Dorfstraße 60
8569 Trent
Telefon 03 83 09 / 12 80
oder 03 83 00 / 4 87
Telefax 03 83 09 / 2 28 80
E-Mail: fa.neubauer@t-online.de
www.hiddensee-kutschfahrten.de

Wilhelm Neubauer hat rund dreißig Jahre als Tierarzt auf der Insel Hiddensee gewirkt und betreibt jetzt, zusammen mit seinem Sohn, einen landwirtschaftlichen Betrieb in Trent auf Rügen, züchtet und bildet Pferde aus und bietet auf der Insel Hiddensee Inselrundfahrten mit Kremsern an.

Bernsteinschleiferei
Ingolf Engels
Norderend 142
18565 Vitte/Hiddensee
Telefon 03 83 00 / 5 02 73
Telefax 03 83 00 / 3 10
E-Mail: Ven4137291@aol.com

Ingolf Engels weiß, wo sich nach stürmischen Nächten an den Stränden der Insel Hiddensee am besten Bernstein finden lässt. Mit seinem Kescher geht er dann in der Brandung auf Bernsteinfang. Die Ausbeute verarbeitet er selbst zu ansprechendem Schmuck, oft kombiniert mit einzigartigen Holzteilen, den er in seinem Bernsteinstübchen verkauft.

Insel Information Hiddensee
Seebad Insel Hiddensee
18565 Vitte
Telefon 03 83 00 / 6 42-26, -27, -28
Norderende 162
Telefax 03 83 00 / 6 42-25
E-Mail: Insel.Information@t-online.de
www.Seebad-Hiddensee.de

Unsere Kurztipps

Rügen gibt es im Grunde mindestens zweimal! Auf der einen Seite die mondänen Strandbäder mit ihren neu erstandenen Fassaden im Stil der Kaiserzeit und auf der anderen Seite die traditionell eher bescheiden wirkenden Dörfer im Landesinneren sowie die weniger mit der Bädertradition behafteten Küsten. Und gerade das macht die Insel so ungeheuer reizvoll: Hier das kultivierte Strandleben mit allem Komfort und allen Vergnügungen und dort – oft wenige Minuten Fußmarsch davon entfernt – lässt sich eine stille und ursprüngliche Natur erleben.

Essen und Trinken

Wir haben mit unserer »Landpartie Rügen und Hiddensee« versucht, diesem Spagat gerecht zu werden und beide Seiten dieser Insel zu zeigen. Liebe geht vor allem durch den Magen, heißt es, und das gilt nach unseren Erfahrungen ganz besonders hinsichtlich der Vorlieben für heimatliche Regionen. Ein äußerst hilfreicher Wegweiser für Rügen und Hiddensee ist dabei das Signet »Regionale Esskultur«, Teil eines europäischen Netzwerkes zum Erhalt des kulinarischen Erbes. Über 30 Bauern, Fischer, Händler und Verarbeiter haben sich im Verein **»Rügenprodukt«** zusammengeschlossen und garantieren die Verwendung von einheimischen Rohstoffen mit dem Gütesiegel »Das Beste von Rügen«. Einige von ihnen haben wir auf unserer »Landpartie« besuchen können, die meisten nicht. Mehr Infos gibt es bei Monika Krahl im Amt für Wirtschaft und Kultur des Landkreises Rügen.

Aber wer genau hinschaut, der merkt sehr schnell, dass Rügen eigentlich aus sehr vielen, ganz verschiedenen kleinen Inseln besteht, die oft nur durch schmale Landzungen oder sogar Fähren miteinander verbunden sind. **Wittow, Jasmund, Mönchgut, Zudar oder Ummanz** – das alles sind ganz unterschiedliche Landstriche, die erst zusammen die Inselregion Rügen

Das Landpartie-Team beim Dreh auf Rügen.

bilden. Die »Tourismuszentrale Rügen GmbH« versucht dabei, trotzdem über alle Aspekte der Insel umfassend informieren zu können. Empfehlenswert ist auch die Internetseite des Lokalblattes »Der Rüganer« unter www.ruegen.com.

Rügenprodukte
Landkreis Rügen
Amt für Wirtschaft und Kultur
Telefon 0 38 38 / 81 34 29
www.culinary-heritage.com

Tourismuszentrale Rügen GmbH
Am Markt 4
18528 Bergen auf Rügen
Telefon 0 38 38 / 80 77 0
Telefax 0 38 38 / 25 44 40
E-Mail: marketing@ruegen.de
www.ruegen.org

Verbindungen

Es muss ja nicht gleich die »**Große Rügentour**« (270 km) sein, wenn Sie die rund 1.000 Quadratkilometer große Insel mit dem Fahrrad entdecken wollen. Die gut ausgearbeitete Fahrradkarte, herausgegeben als Faltblatt des Tourismusverbandes, lässt jede Menge Abkürzungen für Kurztouren zu. Und man muss noch nicht mal ein Fahrrad mitbringen – fast in allen größeren Orten der Insel lassen sich Räder auch leihen. Einige Verleiher bringen die Drahtesel sogar bis an die Tür. Im Zweifelsfall kann der jeweilige Gastgeber den Kontakt herstellen.

Etwas weniger schweißtreibend sind die Ausflüge mit dem »**Rasenden Roland**«, der über 100 Jahre alten Schmalspurbahn. Immerhin die knapp 30 Kilometer lange Stecke von Lauterbach über Puttbus und Binz-Ost nach Göhren ist von dem einstigen Eisenbahnnetz auf Rügen noch übrig geblieben. Auf keiner anderen Schmalspurbahn mit Dampflokbetrieb gibt es so viele Dampflokbaureihen wie auf Rügen, wirbt die »Rügensche Kleinbahn GmbH & Co« stolz in ihrem Prospekt. Mit immerhin 30 Kilometern pro Stunde Höchstgeschwindigkeit braucht die Bahn in weniger als anderthalb Stunden, unterbrochen von etlichen

© Ingo Wandmacher

Rügen hat wunderschöne Alleen.

© Ingo Wandmacher

Nach Binz fährt noch heute die Schmalspurbahn »Rasender Roland«.

Stopps auf den vielen Bahnhöfen, für die Strecke von Puttbus bis Göhren. Die Mitnahme von Fahrrädern ist übrigens gestattet – gegen einen kleinen Obulus, versteht sich. Aktuelle Informationen über Fahrpläne und Tarife gibt es bei der Rügenschen Kleinbahn in Puttbus.

Wer den Zug schon in **Baabe**, der letzten Station vor Göhren verlässt, kann sich, samt Fahrrad, von einem Fährmann mit einem uralten hölzernen Ruderboot über die Harving zum idyllischen Örtchen **Moritzdorf** übersetzen lassen.

Von der **Göhrener Seebrücke** aus kann man – ebenfalls kräfteschonend – mit einem kleinen Seebäderschiff weiter nach **Sellin**, **Binz** oder **Sassnitz** tuckern oder sich sogar auf die Nachbarinsel **Usedom** übersetzen lassen. Nähere Infos und Fahrpläne gibt es auch direkt bei den Reedereien, die natürlich auch Touren zu den Kreidefelsen anbieten.

© Ingo Wandmacher

Der Strand von Baabe lädt zum Baden ein.

Die schöne Selliner Seebrücke auf Rügen.

Rügensche Kleinbahn
Binzer Straße 12
18581 Putbus
Telefon 03 83 01 / 8 01 12
www.rasender-roland.de

Seebrückenverkehr
Boddenreederei Gutowski GmbH Gager
Telefon 03 83 08 / 83 89
Telefax 03 83 08 / 83 92
E-Mail: boddenreederei@t-online.de

Seebrückenverkehr und Insel Usedom
Reederei Ostsee-Tour
Carsten Nöhren-Petan
Hafenstraße 12 j
18546 Sassnitz
Telefon 03 83 92 / 31 50
Telefax 03 83 92 / 5 06 72
E-Mail: info@reederei-ostsee-tour.de
www.Reederei-Ostsee-Tour.de

Hiddensee ist auch wieder eine Welt für sich: Fast keine Autos, aber dafür endlos erscheinende Sandstrände, steile Klippen, weite Salzwiesen, vom Wind gebogene und zerzauste Wälder, mooriges Reetdickicht, Dünen, also karge und raue Natur pur. Neben »normalen« Ferienpensionen und -häusern kann man auf der Insel auch zahlreiche Spezialangebote buchen wie »Freies und tiefes Atmen« oder »Fastenurlaub«.

Besonders außerhalb der Saison kann die Insel ihre Reize voll entfalten. Im Nationalparkhaus Hiddensee kann man sich über die Besonderheiten der Insel umfassend informieren: Von Mai bis Oktober täglich zwischen 10.00 und 16.00 Uhr geöffnet, von November bis April täglich von 10.00 bis 15.00 Uhr. Das Nationalparkhaus in Vitte, Norderende 2, ist unter Telefon 03 83 00 / 6 80 41 erreichbar.

Wer schon von zu Hause aus wissen will, ob auf Hiddensee die Sonne scheint, kann auf die ARD-Videotextseite 309 oder ins Internet unter www.meteomedia.ch gucken. Bilder vom Leuchtturm finden Sie unter www.meteomedia.ch/kamera.

Bevor Sie sich aber auf die Reise begeben, sollte allerdings das Quartier auf der Insel gebucht sein. Denn die Kapazitäten der Insel sind oft schon frühzeitig ausgebucht. Informationen über die Insel und Übernachtungsangebote erhalten Sie bei

© Ingo Wandmacher

Idyllisch liegt das Fischerdorf Vitte auf Hiddensee.

der Insel-Information Hiddensee GmbH.

Die Insel Hiddensee läuft die Reederei Hiddensee GmbH aus Vitte an. Neben den regulären Schiffen, die von **Schaprode** aus etwa 45 Minuten bis Hiddensee brauchen, setzt die Reederei auch Wassertaxis für den Schnellverkehr ein.

Insel Information Hiddensee
Seebad Insel Hiddensee
Norderende 162, 18565 Vitte
Telefon 03 83 00 / 6 42-26, -27, -28
Telefax 03 83 00 / 6 42 - 25
E-Mail: Insel.Information@t-online.de
www.Seebad-Hiddensee.de

Reederei Hiddensee
Achtern Diek 4, 18565 Vitte
Telefon 03 83 00 / 5 01 69
Telefax 03 83 00 / 5 01 70
Infoline 01 80 / 3 21 21 50
www.reederei-hiddensee.de

Vom Fähranleger Schaprode legen die Fähren nach Hiddensee ab.

Die Autoren der Landpartie

Ulrich Koglin

Ulrich Koglin, Jahrgang 1963, ist im schleswig-holsteinischen Ratzeburg geboren und dort aufgewachsen. Während seines Volkswirtschaftsstudiums arbeitete er zunächst bei der Produktionsfirma TV-Film-Nord GmbH und realisierte für den NDR erste Fernsehbeiträge. Seit 1987 ist er als freiberuflicher Fernsehjournalist für verschiedene Produktionsfirmen tätig, sein Hauptengagement allerdings gilt der NDR-Wirtschaftsredaktion in Hamburg. Für die Sendungen »Markt im Dritten« und »Plusminus« steuerte er jahrelang regelmäßig Beiträge auch über landwirtschaftliche Themen bei und hat die wirtschaftliche Entwicklung Mecklenburg-Vorpommerns für die Redaktion kontinuierlich journalistisch begleitet.

Die langjährige Freundschaft mit seinem Kollegen Achim Tacke führt 1998 zu einer festen Zusammenarbeit. Gemeinsam realisieren sie für den NDR längere Filme wie beispielsweise »Biopark – Landwirtschaft mit Zukunft?« (45 min. Dokumentation über die Entwicklung des ostdeutschen Bioverbandes) oder »Eine Arche für das liebe Vieh« (45 min. Reportage über selten gewordene Nutztierrassen der Welt). In Zusammenarbeit mit dem NDR und dem deutsch-französischen Kulturkanal ARTE drehten sie u. a. einen ganzen Themenabend mit drei internationalen Dokumentationen und Reportagen über die Folgen der Globalisierung für die Landwirtschaft Europas. Für ARTE produzierten sie jüngst eine 45 minütige Dokumentation über »Die Kuh von morgen«, in der sie den Weg vom »Altdeutschen Niederungsrind« zu den hochproduktiven »Holstein-Friesians« zeigen. Als erstes Fernsehteam überhaupt erhielten Achim Tacke und Ulrich Koglin dabei in den USA Zutritt zum Klonstall eines Zuchtunternehmens und konnten den »Superzuchtbullen« »Marshall« samt seiner sieben Klone aufnehmen. Die Produktionsfirma TV-Film-Nord GmbH führt Ulrich Koglin inzwischen selbst, parallel zu seiner freien NDR-Tätigkeit. Neben solchen Dokumentationen ist für Achim Tacke und Ulrich Koglin natürlich die »Landpartie – Im Norden unterwegs« das wichtigste Projekt, das sie gemeinsam konzipiert haben und als Autoren und Regisseure für den NDR realisieren. Zusammen mit Heike Götz arbeiten sie auch an neuen Sendekonzepten und -formaten.

Ulrich Koglin ist verheiratet und lebt mit Frau und Kind im Südosten Schleswig-Holsteins, unmittelbar an der Landesgrenze zu Mecklenburg-Vorpommern.

Achim Tacke

Achim Tacke wurde 1953 in Goslar am Harz als Landwirtssohn geboren. Die Schuljahre verbrachte er in Düren und Heidelberg. Ab 1972 studierte er an der Kunsthochschule in Kassel Malerei und zog nach dem Grundstudium 1974 für acht Monate nach Paris. Danach kehrte er an die Kunsthochschule Kassel zurück und entdeckte seine Liebe zum Film: Achim Tacke wechselte von der Malerei zum Studienschwerpunkt »Film / Fernsehen« und begann nach dem Studienabschluss 1979 seine Arbeit als freier Fernsehjournalist in München. Sein erstes Feature drehte er für den WDR. Titel: »Alltag im Revier«. Es folgen weitere Features. Umzug nach Köln.

1980 realisierte er als Autor, Regisseur und Produzent für das ZDF – »Das kleine Fernsehspiel« den Dokumentarfilm »Jungfrauen zum ersten ...«, ein Dokumentarfilm über Maibräuche in der Eifel. Eine weitere Station in seinem Leben war Imperia in Italien. Dort bereitete Achim Tacke seine erste Feature-Serie unter dem Titel »Zur Psychologie der ...« vor und drehte sie ab 1982 für den NDR. 1986 entstand dann das erste Landwirtschaftsfeature für den NDR unter dem Titel »Weiches Öl aus Dolcedo«. Damit begann eine intensive Zusammenarbeit mit der Wirtschaftsredaktion. Es folgt das Feature »Neuenkirchen – Im Schatten des Brocken«, ein filmisches Portrait seines Heimatdorfes. 1988 zog Achim Tacke von Italien nach Hamburg und lernte Ulrich Koglin kennen und schätzen. Noch als »Einzelkämpfer« drehte er Filme für die Serie »Länder, Menschen, Abenteuer«, realisierte neben der Arbeit für »Markt im Dritten« und »Plusminus« auch Beiträge für »ARD – Ratgeber Reise« und für »Panorama«. Für den SWR und ARTE drehte er mehrere Features in Italien.

1998 beschlossen Achim Tacke und Ulrich Koglin eine Autoren-GbR zu gründen und entwickelten gemeinsam das Konzept für die erfolgreiche Sendereihe »«Landpartie – Im Norden unterwegs». Als Regisseure und Autoren haben sie mittlerweile über 20 Sendungen realisiert. Die Zusammenarbeit erweist sich darüber hinaus als äußerst produktiv: Gemeinsam gestalten sie zudem einen Themenabend bei ARTE zur Globalisierung der Landwirtschaft und drehen weitere Features für arte und den NDR. Derzeit planen Achim Tacke und Ulrich Koglin neue Konzepte für andere Sendereihen.

Register

»Landpartie«

Der erste Band für den kleinen Urlaub zwischendurch

Die »Landpartie« beweist: Norddeutschland bietet überraschend viele interessante und schmackhafte Spezialitäten, die von eigenwilligen, aber überaus sympathischen Menschen mit großem Engagement gepflegt werden. Wer sich auf die norddeutschen Regionen einlässt und sich etwas Zeit nimmt, wird überrascht sein von der Vielfalt des Nordens.
Das Buch ist eine Einladung an die Zuschauer und Leser, selbst auf Entdeckungsreise zu gehen. Sorgfältig zusammengestellte Informationen und Adressen erleichtern die eigene »Landpartie – Im Norden unterwegs«.

- 40 authentische reportageartige Moderationen und Gespräche mit den jeweiligen Bauern, Fischern oder Köchen und ihrer Geschichte
- Unterschiedliche Landschaften mit ihren spezifischen landwirtschaftlichen Traditionen und deren moderner Fortführung
- Unterhaltsame Informationen über die Herkunft von Agrarprodukten bzw. Lebensmitteln
- Land, Leute und ihre Lebensart: im Harz und in der vorpommerschen Boddenlandschaft, in den Vier- und Marschlanden (Hamburg) und in Nordfriesland

NDR (Hrsg.)
Ulrich Koglin • Achim Tacke

Landpartie
Im Norden unterwegs

Harz, Vorpommersche Boddenlandschaft, Nordfriesland, Vier- und Marschlande

2001. 136 Seiten,
125 Farbfotos,
14,0 x 22,8 cm, Softcover
ISBN 3-87706-833-2
€ 15,90

Noch mehr Landpartien durch Norddeutschland

Mehr als eine Millionen Fernsehzuschauer schalten an Sonntag Abenden ein, wenn die NDR-Moderatorin Heike Götz im Norden unterwegs ist. Die beliebten »Landpartie(n)« zeigen den Norden so, wie ihn jeder liebt: weites Land mit freundlichen Menschen. Auch im Buch zur Serie lernen die Leser echtes Handwerk, unverfälschte Natur und herzliche Gastlichkeit kennen.

Die Autoren Ulrich Koglin und Achim Tacke waren diesmal im Oldenburger Land, in Ostholstein, der Nordheide und der Müritz-Region unterwegs. Der Zuschauer lernt Fischer und Bauern kennen, besucht Grafen und ihre Schlösser. Er schaut in den Stall und fährt mit aufs Feld.

Kleine Geschichten über die Dreharbeiten, über die Menschen und über regionale Naturschönheiten und wirtschaftliche Besonderheiten, garniert mit herrlichen Bildern, nützlichen Tourentipps und einigen Rezepten sind Inhalt des zweiten Buches.

Oldenburger Land
- Bei der Fischerin vom Zwischenahner Meer
- Auf den Spuren der Oldenburger Pferde
- Die Brauerei in Jever und das Friesisch Herbe

Müritz-Region
- Zu Gast im Landhaus de Weimar
- Die Lewitzer Schecken
- Das Geheimnis des Kutschenbaus

Ostholstein
- Zu Gast bei Prinz Donatus von Hessen
- So entsteht der Holsteiner Katenschinken
- Mit der Beaglemeute auf Jagd

Nordheide
- Das Besondere an den Heidekartoffeln
- Ein Ökoritter und sein Bioladen
- Bei den Vollblütern des Barons von Finck

NDR (Hrsg.)
Ulrich Koglin • Achim Tacke

Landpartie 2

Im Norden unterwegs

Oldenburger Land, Müritz-Region, Ostholstein, Nordheide

2002. 168 Seiten,
150 Farbfotos,
14,0 x 22,8 cm, Softcover
ISBN 3-87706-858-8
€ 15,90